旧約聖書の世界

そのゆたかなメッセージに聴く

長田栄一［著］

YOBEL,Inc.

装丁・ロゴスデザイン：長尾 優

はじめに

この本をまとめるに当たり、著者としていくつかの期待や願いを持っています。

信仰を持って間もない方、あるいは長い信仰生活の中でも、なかなか旧約聖書になじめない、理解できないという方が、本書を通して少しでも旧約聖書の世界に親しみ、自分で旧約聖書を読めるようになってくださること、それが本書執筆の中心的なねらいです。

また、教会の中で小グループでの聖書研究のテキストとして用いられるなら、それもうれしいことです。

あるいは、一般書店でたまたまこの本を手に取ったことをきっかけに、聖書の世界、信仰の世界に関心を持ち、教会の扉をたたく方が一人でもおられたら、それは私にとって望外の喜びです。

旧約聖書は神の民と呼ばれるイスラエル民族の歴史の中で、モーセやダビデ、イザヤやエレミヤ、その他様々な著者たちを通し、多分千年近い年月をかけて書かれてきたものが、神の御手《みて》の中で一つにまとめられていったものです。その豊かな内容については、本書を通して少しずつ触れていって頂ければと思いますが、ここにかいつまんでご紹介しておきましょう。

旧約聖書は、まず神による天地万物の創造のみわざを描きます。次に、神のかたちに造られたはずの人間が神様に背き、人間の罪悪の広がりと共に人間の世界に様々な問題が広がる様子が描かれます。しかし、神による救済のご計画も同時に進められます。そのご計画は、信仰の父祖と呼ばれるようになるアブラハムという人物を経て、神の民と呼ばれるイスラエル民族に焦点が当てられることになります。しかし、彼らもまた神への背きの故に国家滅亡の現実に直面します。預言者たちは、彼らの回復と共に、世界中の民が神に立ち返るビジョンを描き、その中心的な役割を果たす一人のメシアの出現を予告します。（こうして、神の救済の歴史は、新約聖書に示されるメシア、イエス・キリストの出現によるクライマックスへと向かいます。）

本書は、多くの翻訳聖書で採用されている順序に従って、旧約聖書各書を取り上げています。この場合、旧約聖書を四つの部分に分けるのが一般的です。第一部の「律法」は、伝統的にはモーセが書いたと考えられ、「モーセ五書」とも言われます。第二部は、続いてのイスラエル民族の歴史を描く「歴史書」です。第三部は、「詩歌」と呼ばれる五つの書で、ダビデやソロモンなどの著者たちによって書かれた詩集や知恵の書等です。第四部は、「預言書」で、イスラエル民族の様々な歴史状況の中で、神によって立てられた預言者たちによる預言書群です。

このように見ると、旧約聖書の内容は、古代のイスラエル民族の歴史を描いているようで、現代の私たちに何の関わりがあるかと思われるかもしれません。しかし、旧約聖書に現れる人間の姿は、さらに子細に見ていくと、現代の私たちと少しも変わらないことに気づかされます。罪深く、弱く、愚かな人々の姿は私たちの姿です。同時に、彼らを愛し、忍耐をもって救おうとされた神様は、今も私たちを同じように扱ってくださいます。このお方を信仰をもって仰ぐとき、弱かったはずの人間が輝きだす……この点でも、彼らと私たちとは同じです。

旧約聖書になじみのない方にも少しでも親しみを覚えて頂けるよう、各章のタイトルには、中心的に登場する人物たちの名前を付しました（第三部は各書名を付しました）。彼らの姿と自分の姿を比較しながら読めば、旧約聖書を通して今も語られる神様からのメッセージをよく聴き取ることができるでしょう。

※　引用聖書は、特に断りがない場合、日本聖書協会口語訳聖書を使用しています。

目次

第二部　歴史書　163

第一部　律法［モーセ五書］

第1章　創造者なる神　創世記一・一―二六

旧約聖書の一番最初を開くと、いわゆる六日間での神による万物創造のみわざが記されています。聖書全体を通して、神はご自身を表わしておられますが、まずは、世界の創造者としてご自分を啓示しておられることが分かります。さらに、その創造のみわざの進め方をよく見てみると、神がどのようなお方であるか、よりよく分かってきます。まずは創世記一章を通して、神がどのようなお方であるのか、確認してみましょう。

一、創造者なる神

はじめに神は天と地とを創造された。（創世記一・一）

聖書は、この一句から始まります。神様は聖書を通してご自分を示されるにあたり、まず世界の創造者としてご自分を示しておられます。このことをしっかりと受け止めることは大切です。私たちは、この世界が存在することを当たり前のように考えて生きています。しかし、この世界を創造された方がいらっしゃる、その方が神様である、ということです。

京都の同志社大学の創立者として有名な新島 襄という人がいます。彼は江戸時代末期、鎖国が解けない時代に、国禁を犯しアメリカに渡ります。その少し前、彼はある日、友人から、漢訳聖書から抜粋して作った小冊子を借ります。彼はその小冊子を大きな関心を持って読み進めました。後に、この時のことについて振り返りながら、彼はこのように書いています。「漢文で簡潔に書かれた、聖書にもとづく歴史書で神による宇宙の創造という短い物語を読んだときほど創造主が身近かなものとして私の心に迫ってきたことはなかった。私は、私たちが住んでいるこの世界が神の見えざるみ手により創造されたのであって、単なる偶然によるものでないことを知った。(注1)」このことが契機となり、彼は国禁を犯して出国し、アメリカに渡る決意に至ります。聖書冒頭の一句が彼の世界観を造り変え、彼の生涯の方向性を決定づけました。

二、秩序を造り出す神

神は「光あれ」と言われた。すると光があった。

神はその光を見て、良しとされた。
神はその光とやみとを分けられた。（創世記一・三、四）

六日間の創造のみわざを注意深く読むとき、「神様は線を引くのがお好きなのかな」と思われてきます。「光とやみとを分けられた。」（四節）、「水の間におおぞらがあって、水と水とを分けよ」（六節）、「天の下の水は一つ所に集まり、かわいた地が現れよ」（九節）。「海はここまで」とおっしゃりながら、陸が現れるようにしておられます。このようなことがこの後も続いています。区切りのない所に区切りを作り、秩序のない所に秩序を生み出しておられます。

この世界に区別や秩序というものがなかったらどうなるでしょうか。単調な、面白味のない世界になるだけでなく、生きることのできない世界となるのではないでしょうか。

時々、私たちの生活や、心の中も、ごちゃごちゃしてきます。自分が今どこにいて、どちらに進んでいるのか分からなくなる時があります。そういうとき、神は私たちの生活の中に秩序を作ってくださいます。「これはいけない」、「これはよい」、「進むべき方向はこちら」と、はっきり見通せるようにしてくださいます。

世界の中に秩序を作られた神様は、私たちの人生にも秩序を作ってくださいます。

三、豊かな命を生み出す神

神はまた言われた、「地は青草と、種をもつ草と、種類にしたがって種のある実を結ぶ果樹とを地の上にはえさせよ」。そのようになった。(創世記一・一一)

六日間の創造のみわざを見るとき、もう一つのキーワードがあるのに気づきます。「種類に従って」という言葉です。右の句以外にも、以下のような箇所に現れています。「神は海の大いなる獣と、水に群がるすべての動く生き物とを、種類にしたがって創造し、また翼のあるすべての鳥を、種類にしたがって創造された。」(二一節)、「地は生き物を種類にしたがっていだせ。家畜と、這《は》うものと、地の獣とを種類にしたがっていだせ」(二四節)。

植物も、魚や鳥、地上の生き物も、「種類に従って」造られていきました。たまに動物園や水族館に行ってみると、見たこともないような珍妙な体を持つ生き物を沢山目にすることができます。これらのものも、神様がお造りになった「種類」の一つであったと考えると、神の知恵の奥深さ、豊かさ、神様のユーモアさえ感じることができます。神は本当に豊かなお方です。神は多様性を尊重されるお方です。多種多様な動植物があって、決して飽きない世界です。

人間もそうではないでしょうか。几帳面な人、いい加減な人、楽観的な人、心配性な人。「どうしてこんなに違っているの」と思う程ですが、神は「それでよい」と言われます。神様はあえてそのように造っておられるからです。違いを喜び、違いを楽しむ……そんな豊かな生き方を身に着けさせて頂きたいものです。

四、愛の配慮に満ちた神

神はまた言われた、「われわれのかたちに、われわれにかたどって人を造り」（二六節）

創造のみわざの最後に、創造の冠として人間が創造されました。人間が創造のみわざの最後に造られた……これは神様の愛の配慮ではないでしょうか。

もし地が造られる前に人が創造されたら、宇宙空間に放り出されることになります。食べる動植物が造られる前に人が造られたら、あっという間に飢え死にしてしまうでしょう。豊かな自然環境やバラエティ豊かな動植物がなければ、人間はこの世界で何と退屈な日々を過ごすことになるでしょう。

他の箇所には、「天を創造された主、すなわち神であって　また地をも造り成し、これを堅くし、いたずらにこれを創造されず、これを人のすみかに造られた主」（イザヤ四五・一八）とも記されています。漠然と造られた世界ではありません。「人のすみか」となるよう、愛を込めて、注意深く造られたのがこの世界だと言います。

結婚を約束した男女がいたとします。男性は、お嫁さんになるべき人をびっくりさせようとして、こっそりマンションを購入します。家財道具全部を買い揃えます。彼女のペットの家まで準備します。ある日、彼は彼女を連れてきて部屋を見せます。彼女は尋ねます。「この部屋は何？　なぜこんな部屋があるの？」彼は言います。「全部あなたのためのものだよ。ここで一緒に暮らそう」と。

世界の創造者なる神様は、あなたを心にかけ、愛の配慮をもって導こうとしておられます。ぜひあなたも、聖書を読み進めながら、この方のことを知ってください。

◇あなたは自然の美しさや壮大さを見て、神の存在に思いを巡らせたことがありますか。
◇創世記一章には、どのようなものの創造が記されているでしょうか。その中で、人間の創造が最後に記されていることを確認しましょう。
◇これまであなたは神様に対してどれほどの関心を持っておられましたか。これから神様に対してどのように考えていこうとしておられますか。

注1　『現代語で読む新島 襄』（丸善書店、二〇〇〇年）、一七頁

第2章　神のかたちに造られた人間

――アダムとエバ①　創世記一・二六―三一

「人間っておもしろいな」と思います。混んでいるお店で順番を待っているときなど、周りの人たちの表情や仕草を興味深く見ます。親子の会話、若者たちの様子、一人ぽつんとしている人……。笑っている顔、泣いている顔、怒っている顔、無表情な顔……。

マイペースな生き方しかできなかった私が、いつの頃からこんなに人々の様子を興味深く見るようになったのか、改めて考えてみると、神の愛を知るようになってからのような気がします。自分のような人間を深く愛していてくださる神を知り、どんな人をも愛し導こうとしておられる神を覚えるようになった時、人々の様子に自然と目が向き、心が動くようになりました。

創世記一章の天地創造の記録において、「神は……見て、良しとされた」という言葉が繰り返されています（四、一〇、一二、一八、二一、二五節）。ところが、その最後に人間が創造された後、神様が造られたすべてのものを見られたところ、「それははなはだ良かった」と記されています。人間の創造は、神による万物創造を完成させる出来事であったようです。

創世記一章には、人間の本質に関わる一文が記されています。

神は自分のかたちに人を創造された。（創世記一・二七節）

人間とはどういう存在であるのかを考えるための鍵が、この言葉の中に隠されています。すなわち、神様は、ご自分の「かたち」に人を創造されたというのです。「神のかたち」とは何でしょうか。いったい、人間はどういう存在として造られたのでしょうか。

一、人格的な存在

第一のことは、人格的な存在に造られたということです。人格には三つの要素があると言われます。知・情・意の三つです。

まず人間は、色々と考えることができます。近年は、若い将棋の棋士が活躍して話題になっています。「こう打ったらこう来る」と、先の先を考えることができる……人間ってすごいなと思います。

次に、人間には感情があります。笑ったり怒ったり、泣いたり。動物も感情があるかもしれませんが、人間は豊かな感情を持っています。

最後に、人間は意志的な存在です。本能のままに生きるのではありません。食欲がわいても、時と場合によっては、我慢することもできます。

創世記二章で、神様はアダムに、「園の中央の木の実を取って食べるな」と言われました。アダムが自由意志を持っているからこそのご命令でした。アダムは取って食べることもできるし、取って食べないこともできた……人間は意志の決断を持って生きるはずの存在です。

しかし、人間はこのような「神のかたち」の一部を破壊してしまったようです。特に、意志的な面では弱くなりました。ダメと思いながらやってしまう、やるべきと思いつつできない、ということがあります。

二、神と人格的な交わりを持つ存在

第二に、人間は神との人格的な関わりの中で生きていく存在とされました。神に似せて造られたので、神様と語らうことができる、交わりを持つことができます。鳥は鳥どうし、アリはアリどうし、コミュニケーションを持ちます。神のかたちに造られた人間は、神と語らう存在、霊的な存在とされています。

続く創世記二章には、いわゆる「楽園」とも呼ばれるエデンの園でのアダムの様子が描かれています。そこでの幸せの源はどこにあるのでしょうか。もちろん、園にある沢山の木の実もおいしく、栄養のあるものだったことでしょう。しかし、神との自由な語らいの中で生きるアダムの姿は、人間本来の幸せなあり方を描写するものと言えるでしょう。

三、互いの交わりの中で生きる存在

すなわち、神のかたちに創造し、男と女とに創造された。（創世記一・二七）

第三に、人間は社会的存在、お互いの人格的関わり、交わりの中で生きる存在とされました。神の創造の計画の中には、最初から男性と女性の創造が含まれていました。創世記二章には、男性（アダム）と女性（エバ）の創造の具体的ないきさつが描かれています。まずアダムを造られた神様は、「人がひとりでいるのは良くない。彼のために、ふさわしい助け手を造ろう」（二・一八）と言われ、エバをお造りになりました。人間は、最初から孤独の中に生きていくようには造られていませんでした。「山は山を必要としない。しかし、人は人を必要とする」というスペインのことわざがあるそうです。人間という存在は、「人を必要とする」存在として造られているということでしょう。

男性と女性の違いということが話題になることもあります。アダムとエバが出会ったときにも、考え方の違い、感じ方の違いを相手に見出して、驚いたのではないでしょうか。しかし、神は自分とは違う人々との人格的な関わりの中で、笑ったり、泣いたり、驚いたり、時には困ったりしながら生きていくように、人間をお造りになったようです。

四、世界を治める存在

神は彼らを祝福して言われた、「生めよ、ふえよ、地に満ちよ、地を従わせよ。また海の魚と、空の鳥と、地に動くすべての生き物とを治めよ」（創世記一・二八）

第四に、神様は世界を治める存在として人間を造られました。神は造られた人間にご命令、いわゆるミッションを与えられました。地に増え広がれ、そして、地を管理せよ、というご命令でした。それは、決して自分勝手に、好き放題にしてよいということではありませんでした。言わば神様の代理人として、責任をもって世界を管理していくことを意味します。神が創造されたこの世界を、美しく、正しく治めていくというということです。

大きなことを言われているようですが、この使命遂行のためには、小さなところから取り組むのがよいかもしれません。以前、台湾の牧師と食事をした折、その牧師はやおら、「マイ箸《はし》」を取り出しました。環境破壊を避ける意味で、自分の箸をいつも持ち歩いているとのことでした。そんな小さなところからでも、「世界管理」の働きは始められていきます。

「神のかたちに造られた人間」……ところが、人間はその「神のかたち」を失ってしまったかのようです。神に背を向け、互いに憎みあったり、無関心になったりしています。人間の自分勝手な行動によって、自然破壊は進む一方です。

「神のかたち」破壊の第一歩については、次章で学びます。しかし、神様はその回復の道をも備えてくださったことも、あらかじめ知って頂きたいと思います。その道を通って、神のかたちの回復への道のりをご一緒に歩んで参りませんか。

◇「人間ってすごいな」と感じたことがあるでしょうか。逆に、「人間ってひどいな」と思ったことがありますか。

◇人はどうして人を殺してはいけないのか、聖書の次の箇所はどのように教えていますか。（創世記九・六）

◇「神のかたちのこの部分はいくらか自分の内で損なわれている」と感じるところがあるでしょうか。神様に回復をお祈りしましょう。

第3章　善悪を知る木　――アダムとエバ②　創世記三・一―七

神と人間との愛の交わり、愛と信頼によって結ばれた夫婦関係、命に満ちた楽園……その楽園の中央に、「善悪を知る木」と呼ばれる一本の木が立っていました。そして、この木については、神がアダムに明確なご命令を与えておられました。

「あなたは園のどの木からでも心のままに取って食べてよろしい。しかし善悪を知る木からは取って食べてはならない。それを取って食べると、きっと死ぬであろう」。(創世記二・一六、一七)

この命令は、アダム、エバ夫妻にとって、平和に満ちた楽園での生活の中で、唯一、不気味さを感じさせるものだったかもしれません。しかし、命令自体は簡潔明瞭であって、警告は分かりやすいものでした。しかし、結果的に彼らはこの命令に違反してしまいます。違反はなぜ、どのように起こったのでしょうか。そして、そこにはどのような意味があったのでしょうか。

一、善悪を知る木

この木はどのような木だったのでしょうか。詳しくは聖書に書かれていません。ただ、いくつかのヒントが残されています。一つは誘惑者の誘いの言葉です。「それを食べると、あなたがたの目が開け、神のように善悪を知る者となる」と言いました（創世記三・五）誘惑者の言葉は、それを聞いたエバにとっては、木の実を食べることに心を向けさせる力があったようです。しかし、誘惑者は嘘つきですから、そのまま受け取ってよいはずはありません。その言葉を慎重に吟味する必要があります。

もう一つのより確かなヒントがあります。彼らが木の実を食べてしまった後、神が語られた言葉です。

見よ、人はわれわれのひとりのようになり、善悪を知るものとなった。（創世記三・二二）

これは神の言葉ですから、確かな言葉です。ここで神様は、彼らがその木の実を食べた結果、「善悪を知るものとなった」と言っておられます。それまで知らなかった「善悪」を知る者となったのです。

もう少し詳しく知りたいところですが、それ以上のことは何も聖書に記されていません。確かなことは、彼らがそれまで知らなかった何かを知ったということ、そして、それは神によって禁じられていたということです。誘惑者が語った「神のように」という言葉も、そのまま受け取ってよいわけではありませんが、一つのヒントになるでしょう。

綜合的に言えば、善悪を知る木の実を食べることは、神が定めた善と悪の基準を無視し、神のように自ら善悪を決めようとすること、その結果、それまで知らなかった悪を経験的に知るようになるということでした。

知らなかったことを知るようになることは良いことのようですが、人間には知らなくてもよいこと、知ってはいけないこともある、それを踏み越えることは、悪の世界に足を踏み入れることになる……善悪を知る木はそんなメッセージを持っていたのかもしれません。

二、誘惑者

創世記三章で現れるのは、誘惑者の姿です。この誘惑者はへびの姿でエバに近づきます。

さて主なる神が造られた野の生き物のうちで、へびが最も狡猾《こうかつ》であった。（創世記三・一）

この誘惑者について、聖書では「悪魔」、「サタン」と呼んでいます。あるいは「年を経たへび」と表現しているところもあります（黙示録十二・九）。蛇の背後にそうした霊的な存在があったということでしょう。

この誘惑者はどこから来たのでしょうか。神が世界を創造されたとき、「はなはだよかった」ということですから、誘惑者そのものを神がお造りになったということではないでしょう。後の伝説によれば、ルキファー（「光をもたらす者」を意味するラテン語）と呼ばれる大変美しい天使が堕落して悪魔になったのだと言われます。しかし、伝説ですからどこまで正しいか分かりません。聖書に明確なことが書かれていないのですから、それ以上のことは分からない、としか言えません。

誘惑者の起源について、聖書はなぜ明確なことを書いていないのでしょうか。人間は誘惑を受けて、罪を犯します。その責任は誘惑者にも求められますが、誘惑に負けた人間にも求められます。私たちが罪を犯したとき、その罪の責任を誘惑者だけに押し付けて、自分には責任がなかったかのように振る舞いたい、そんな私たちの心を見抜いておられたからこそ、神様はあえて誘惑者の起源について詳細を示されなかったのかもしれません。

三、背きに至る経緯

「善悪を知る木からは取って食べてはならない」……簡潔明瞭な神の命令に、なぜ彼らは背いてしまったのでしょうか。いくつかのポイントがあります。

第一に、誘惑者は神のご命令に対する理解を混乱させ、曖昧にさせました。

園にあるどの木からも取って食べるなと、ほんとうに神が言われたのですか（創世記三・一）

これは、陽動作戦のような言葉です。使われている言葉は神様の言葉によく似ていますが、内容は全く神の言葉と違っています。エバの理解は混乱したようです。誘惑者への彼女の答えは、神の言葉から少しずつ離れてしまっていました。「触れるな」とは言っておられないのに、「触れるな」と言われたとか、「きっと死ぬ」と言われていたのに、「死んではいけないから」と言われたとの答え。神の言葉に対して、彼女の理解がかなりあいまいなものであることが明らかになりました。

第二に、誘惑者は神の動機を疑わせました。エバの曖昧な答えにつけ入る隙ありと考えたのでしょうか、誘惑者はきっぱりと言い切ります。「あなたがたは決して死ぬことはないでしょう」（創世記三・四）。その上で、誘惑者はこのように語りかけました。「あなたがたの目が開け、神のように善悪を知る者となることを、神は知っておられるのです」（創世記三・五）。誘惑者が暗に問いかけたいのは、次のようなことだったでしょう。「神はなぜあの木の実を禁じたと思う？　あなたがたが神のようになると知っているから？　そうなっては困ると？　その命令はあなたがたのことを思ってのことだろうか。神があなたがたを愛するとは嘘なのでは？」

ここには、誘惑者の明確なねらいがあるようです。もし人が神の愛を疑うとどうでしょうか。神様の言葉に忠実に従うことがばからしくなるでしょう。しかし、神が私たちに与える命令は、愛ゆえのものです。その言葉に従わないことは、私たちに益をもたらさず、逆に自分を傷つけ、破滅に追いやるものだということを覚えましょう。

第三に、誘惑者は、神の明確な言葉よりも自分の感覚に信頼するよう仕向けました。

「女がその木を見ると、それは食べるに良く、目には美しく、賢くなるには好ましいと思われたから、その実を取って食べ、また共にいた夫にも与えたので、彼も食べた」（創世記三・六）。

「……と思われた」とあります。エバは、神の明確な言葉よりも、自分が感じ取ったところに従って行動しました。まるで、自分が神のように、善悪を決める権利を持っているとでも言うように。

神様は、私たちを愛し、私たちが神の祝福の中で生きていけるよう、聖書の言葉を通して教え、導いてくださいます。その言葉一つひとつに耳を傾け、従っていくとき、そこに私たちの幸せな生き方が備えられていきます。

◇　誘惑を受けて迷った経験がありますか。

◇　エバが神の命令に背いた一番の原因は何だと思いますか。

◇　誘惑に惑わされないために、今後、最も気をつけたいことは何ですか。

第4章　死とは何か　——アダムとエバ③

創世記三・八—一一、一六—二四

前章では、アダムとエバが誘惑者の声に乗り、善悪を知る木の実を食べたことを見ました。その木の実は、食べることを禁じられていました。そして、その命令には、一つの警告が伴っていました。「それを取って食べると、きっと死ぬ」、「必ず死ぬ」（新改訳聖書）という警告でした。ところが、創世記三章を読みますと、彼らがその木の実を食べたとき、彼らはやがては死にましたが、すぐには死にませんでした。そこで一つの疑問が起こります。「死とは何か」ということです。

私たちは、日頃、死について真剣に考える機会はあまりないかもしれません。しかし、昔、ヨーロッパの修道院では、挨拶として「メメント・モリ」という言葉が使われていたそうです。これは、「死を覚えよ」、「死を忘れるな」という意味だそうです。物騒な挨拶のようです。日本人は、「死は忘れていよう」という生き方が強いかもしれません。「死ぬ者であることはひと時忘れていよう、今を楽しく」という感覚かもしれません。しかし、聖書の初めに死の問題が扱われているということは、この問題と向き合うよう私たちに語りかけているようです。

アダムとエバが受け取った「死」がどのようなものだったのかを考えながら、今一度、「死」について思い巡らしてみましょう。

一、死＝人間本来の命のあり方を失うこと

禁断の木の実を取って食べたとき、彼らはバタっとその場に倒れたわけではありませんでした。しかし、何かが変わりました。それは、夕暮れになったとき、明らかになりました。

彼らは、日の涼しい風の吹くころ、園の中に主なる神の歩まれる音を聞いた。そこで、人とその妻とは主なる神の顔を避けて、園の木の間に身を隠した。（創世記三・八）

「あ、神様だ」と思ったとき、彼らはそれまでしたことのないことをしました。神様の顔を避けるように、思わず彼らは神様から隠れてしまいました。神様に見られたくない、神様にお会いしたくない、と思ったのです。

それまでは「神様だ！」と思えば、喜んで神の前に出て行き、神に近づいていた彼らでした。しかし、この時の彼らは、既に神との親しい関係を失ってしまっていました。

一章では、人が「神のかたち」に創造されたことを見ました。それは、神との人格的な関わりの中で生きることができるということを意味していました。しかし、アダムとエバがその木の実を食べたとき、「神のかたち」を失いました。人間本来の命のあり方を失いました。

パウロがエペソの教会に手紙を書いたとき、こういうことを書きました。「あなたがたは、先には……死んでいた」（エペソ二・一）。肉体は生きていました。しかし、霊的には死んだ者であった、と言うのでした。

私自身のことを思い返してみても、確かにその通りと思います。肉体は生きていましたが、神のことを真剣に考えることは滅多にありませんでした。神様との個人的な関わりなしに生きていても、平気な状態でした。今考えれば、それは霊的に死んだ状態であったと思います。

禁じられていた木の実を食べた瞬間、アダム、エバにまず訪れたのは、この意味での「死」でした。

二、死＝命のはかなさに直面すること

神の命令に背いた二人は、神からの裁きの宣告を受けます。女性には産みの苦しみ、男性には労働の苦しみが宣告されます（創世記三・一六―一八）。そして、最後に次のように言われます。

あなたは顔に汗してパンを食べ、ついに土に帰る、あなたは土から取られたのだから。あなたは、ちりだから、ちりに帰る。（創世記三・一九）

「土から取られた」……その通りです。二章でアダムがまさにそのようにして造られたのを見ました。「人が造られた元は、土のちり。だから土のちりに帰るのだ」という宣告でした。命のはかなさに直面しなさい、ということでした。

私も牧師として、比較的多くの方々の死と関わらせて頂きました。その多くはクリスチャンですので、死の中にも慰めと希望がありました、しかし、火葬場でお骨となって出て来るときには、さすがに死の現実に直面させられる思いがします。「ちりだからちりに帰ったのだ」と思います。

日頃私たちは、やがて訪れるはずの自らの死を深く考えることをしません。しかし、時々、色々な機会に、その事実が心に留まります。しかし、それはあまりにもむなしいことのように思われ、その事実から目を背けます。毎日の忙しさの中にその事実を忘れようとします。

聖書は私たちが死ぬ存在であることを告げています。しかし、聖書は同時に、死を越えた命のあることを教えます。だからこそ聖書は、私たちに死を直視するようにと招きます。

三、死＝永遠の命から遠ざけられること

創世記三章の終わりに、いわゆる楽園追放の様子が描かれています。

神は人を追い出し、エデンの園の東に、ケルビムと、回る炎のつるぎとを置いて、命の木の道を守らせられた。（創世記三・二四）

楽園追放の目的は、アダムとエバが命の木の実を取って食べ、永久に生きることがないように、ということでした。善悪を知る木の実を食べた彼らは、必ず死ななければなりませんでした。永久に生きる者となってはいけませんでした。

追放前に命の木の実を食べていたらどうなったのか……想像をたくましくすることは意味がないでしょう。ただ言えることは、永久に生きる可能性はあったけれども、彼らが神様の命令に背いた結果、その道が閉ざされたということです。

死は肉体の死だけで終わりません。神様と永遠に生きる「永遠の命」から遠ざけられることまでを含んでいると言えるでしょう。

「死」を宣告された人間に、希望はないのでしょうか。そうではありません。そのことは、次章で確認して頂きます。

ここでは、最後に、アダムが木の実を食べた後、最初に神様が語りかけられた言葉に注目しておきましょう。

あなたはどこにいるのか。（創世記三・九）

神様は全知全能、アダムがどこにいるのか分からなかったわけではありません。「自分がどこにいるのか考えなさい。私との交わりを失ってしまったのではないか。永遠の命から遠ざけられたのではないか。道を備えるから、私に帰れ。」そう語りかけられたのではないでしょうか。

私たちは今、どこにいるでしょうか。

◇ 死について、深く考えたことがありますか。
◇ 創世記三章の中で、死の残酷さやむなしさについて、最も強く教えられる箇所はどこですか。
◇ 「あなたはどこにいるのか」との神様からの問いかけに、どのように応えたいですか。

第5章　回復への希望　――アダムとエバ④　創世記三・一四、一五、二一

誘惑者の声に誘われ、神様の命令に背いた人間は、神から「死」の宣告を受けました。それは人間にとって、本来頂いているはずの「神のかたち」が破壊され、神の祝福と神ご自身とから永遠に遠ざけられることを意味していました。このような私たちに回復の望みはないのでしょうか。

人間の悲惨な運命を思わされる創世記三章ですが、この中にも神様は希望への道筋を示しておられます。ほのかな形ではありますが、「神のかたち」が回復され、人間が再び神の臨在のもとで幸せに生きる希望のありかを示唆しておられます。

一、蛇のかしらを砕く

回復への希望は、第一に、誘惑者によって利用された蛇への神様の裁きの宣告の中に示されています。

神様が蛇に対して宣告された言葉は、次のように締めくくられています。

「おまえは、この事を、したので、すべての家畜、野のすべての獣のうち、最ものろわれる。おまえは腹で、這いあるき、一生、ちりを食べるであろう。わたしは恨みをおく、おまえと女とのあいだに、おまえのすえと女のすえとの間に。彼はおまえのかしらを砕き、おまえは彼のかかとを砕くであろう」。（創世記三・一四、一五）

この箇所は、ありのままに見ますと、動物の蛇への裁きの宣告のように見えます。「おまえは腹で、這いあるき、一生、ちりを食べるであろう」といった言葉の通り、蛇はそのように生きています。「わたしは恨みをおく、おまえと女とのあいだに、おまえのすえと女のすえとの間に。」という言葉のように、蛇は人間に忌み嫌われるものとなっています。また、「彼はおまえのかしらを砕き、おまえは彼のかかとを砕くであろう」という言葉のように、人間が蛇を見つけると頭を叩き割ろうとするし、蛇は草むらに隠れて人間に近づきながら人の踵を噛むということが、至る所で繰り広げられています。

しかし、蛇の背後に真の誘惑者、すなわち霊的な存在があったとすれば、神の蛇に対する裁きの宣告には、それ以上の意味が隠されていると考えるのが自然でしょう。聖書を最後まで読み進めていくと、この誘惑者は、「悪魔とか、サタンとか呼ばれ、全世界を惑わす年を経たへび」と呼ばれています（黙示録一二・九）。蛇に対する神の裁きの宣告は、この誘惑者への宣告でもあったと考えられます。そう考えると、「わたしは恨みをおく、おまえと女とのあいだに、おまえのすえと女のすえとの間に」という言葉は、新しい意味を持ち始めます。すなわち、悪魔及びその配下たちと、人間との間に敵対関係が置かれるということです。

旧約聖書の中では、この後、サタンに対する言及はそれ程多くありません。神の民の歴史の中で断片的に登場するのみです。しかし、新約聖書に入りますと、サタンについての明確な言及が増えていきます。神の民として生きようとする者は、霊的な戦いの中にあることが明確にされます。目には見えませんが、今もなお私たちは誘惑者からの働きかけと戦いながら生きていかねばならないのです。

さて、しかし、蛇に対する神の裁きの宣告の中には、このような人類対誘惑者の戦いにおいて鍵となることが示唆されています。「彼はおまえのかしらを砕き、おまえは彼のかかとを砕くであろう」という一文です。彼とは「女のすえ」のことです。アダムの子孫の中から、悪魔の頭を砕く者が現れると言うのでしょうか。

まさにその通りであることが、新約聖書を読むと分かります。「神は御子を女から生れさせ」（ガラテヤ四・四）とあるように、神は御子イエス・キリストをアダムの子孫として生まれさせなさいました。悪魔はキリストの働きを妨げようとし、ユダヤ人指導者や群衆たちを扇動して、キリストを十字架の死に追いやることに成功しました。しかし、それは言わばキリストの踵を砕いたに過ぎませんでした。

キリストは十字架に死なれましたが、三日目によみがえられました。そして、十字架の死と復活により、キリストは言わば悪魔のかしらを砕いたと言えます。

「兄弟たちは、小羊の血と彼らのあかしの言葉とによって、彼に打ち勝ち」（黙示録一二・一一）という言葉もあります。ここで「彼」とは悪魔のことです。「小羊」とは、十字架の死によって人々の罪を贖うキリストを指します。私たちが悪魔との戦いに打ち勝つとしたら、それは十字架の死において勝ち取られた勝利に基づくものだということです。

このことの意味は、なお深く聖書を学んで頂く他ありません。しかし、人間に罪が訪れ、死の宣告がなされたその直後において、既に神はこのような形で勝利の道、希望の道筋を示しておられることに、まずは目を留めましょう。

二、皮の着物

もう一つの希望のしるしは、アダムとエバが園を追放される直前に与えられました。実は、禁じられていた木の実を食べた彼らは、その直後、自分たちの裸を恥じ、いちじくの葉をつづり合わせて腰に巻きました。しかし、その「着物」は、裸の恥を覆い尽くすには極めて不十分なものだったことでしょう。神様は、そのような彼らのために皮の着物を作り、着せられました。

主なる神は人とその妻とのために皮の着物を造って、彼らに着せられた。（創世記三・二一）

神が作ってくださった皮の着物は、彼らの裸の恥を見事に覆ったことでしょう。皮の着物が造られるためには、動物が犠牲になる必要があります。このことは、後に、人々が罪を犯した時にささげられる動物の犠牲の供え物を思わせます。さらに言えば、「神の小羊」として十字架に死に、血を流されたキリストを思い起こさせます。ここに、私たちが罪の結果を覆われ、失われたものが回復される希望が示唆されていると言えます。

新約聖書を見ると、次のようなキリストの言葉が記されています。「そこで、あなたに勧める。富む者となるために、わたしから火で精錬された金を買い、また、あなたの裸の恥をさらさないため身に着けるように、白い衣を買いなさい。」（黙示録三・一八）。また、次のような勧めの言葉もあります。「そして、宴楽と泥酔、淫乱と好色、争いとねたみを捨てて、昼歩くように、つつましく歩こうではないか。あなたがたは、主イエス・キリストを着なさい。肉の欲を満たすことに心を向けてはならない。」（ローマ一三・一四）罪にまみれた古い生き方を捨て、イエス・キリストという新しい衣を着るようにと勧められています。

私たちが罪を犯し、その結果として罪責感と恥の意識との中にあるとき、これを取り除こうとしてあらゆる努力をします。償いをしようと善行に励んでみたり、罪の記憶をごまかそうと何かに夢中になってみたりします。しかし、そのようなことは、アダムやエバが腰に巻いたいちじくの葉のようなものです。神が備えられたお方、イエス・キリストだけが、私たちの裸の恥を覆い、私たちを神のきよさの前に生かし、歩ませることのできる「白い衣」です。

創世記三章を読むだけでは、これらの回復の道を明白に把握することは難しいでしょう。しかし、聖書を何度も読むとき、ここには確かに回復への道筋、希望の灯が示されていることが分かります。人類に対する神の深遠なご計画のゆえに、神を讃美しましょう。そして、備えられた回復の道を辿る者となろうではありませんか。

◇ あなたは蛇を叩いた経験がありますか。

◇ 黙示録三・一八の「白い衣」は、神がアダムとエバに与えられた皮の衣にどんな点で似ていますか。

◇ 自分自身の罪の問題をあなたはどのように解決したいですか。

第6章　拡大する罪　——カインとアベル　創世記四・一—一六

アダムとエバが神の命令に背いたとき、そのことは楽園での彼らの幸せな生活を破壊しました。人類歴史の中に罪が侵入した瞬間でした。しかし、事はそれで終りません。侵入した罪は拡大し、いよいよ牙を剥いて人々を飲み込み始めます。ここでは、一旦入りこんだ罪が拡大し、その結果の深刻さも増していく様を見てみましょう。

一、罪の拡大

アダムとエバに、二人の息子が生まれました。カインとアベルという兄弟でした。カインは土を耕す農耕者となり、アベルは羊を飼う牧畜者となりました。しかし、あるとき、彼らの間に悲劇が起こりました。

彼らは、それぞれの生業で得たものを神にささげものとしました。カインは地の産物、アベルは羊を持ってきました。ところが、この時、神様はアベルの供え物をよしとして受け入れ、カインの供え物は顧みられませんでした。アベルは「その群れと越えたものとの持ってきた」とありますが、カインについては、「地の産物」を持ってきたとしか記されていません（創世記四・三、四）。供え物の良し悪しよりも、そこに込められた思いの違いによって、神の彼らに対する態度が変わったのでしょう。しかし、神様の態度の違いに怒ったカインは、「大いに憤って、顔を地に伏せ」ました（創世記四・五）。この時、神はカインに対して次のように語られました。

「なぜあなたは憤るのですか、なぜ顔を伏せるのですか。正しい事をしているのでしたら、顔をあげたらよいでしょう。もし正しい事をしていないのでしたら、罪が門口に待ち伏せています。それはあなたを慕い求めますが、あなたはそれを治めなければなりません」。（創世記四・六、七）

この神の言葉の中に「罪」という言葉が現われます。聖書中、最初に「罪」いう言葉が使われた箇所です。

神様はカインに対して、「罪が門口に待ち伏せています」と言われました。カインの中には、燃えるような憤りが起こっていました。罪は彼を飲み込もうと待ち構えていました。神様はこの罪の可能性をカイン自身に悟らせながら、それを拒絶するようにと諭されます。しかし、カインはアベルに近づき、野原に連れ出し、襲いかかり、そしてアベルを殺してしまいます。アダムとエバが禁じられた木の実を食べたとき、まさか自分たちの家庭にこのような悲劇が起こるとは想像もしなかったでしょう。しかし、彼らの中に入りこんだ罪は、それだけでとどまらず、自分の子どもたちの間に広がり、悲惨な出来事を生み出してしまいました。

罪は常に拡大する性質があります。家族や大切な人々の間に罪が拡大するとしたら、それ自体が私たちの罪に対する神の裁きの一つであるかもしれません。神の憐みにより、自分自身や自分の家族が罪から守られるよう、祈ることが必要です。

二、のろいの拡大

「誰も見ていない」と、カインは考えたでしょうか。しかし、神様は見ておられました。神様はカインに尋ねます。「弟アベルは、どこにいますか」。これは、神様がアベルの身に起こったことをご存じなかったのではなく、カインに悔い改めのチャンスを与えるためだったでしょう。しかし、カインは答えます。「知りません。わたしが弟の番人でしょうか」（創世記四・九）。突っぱねるカインに神様は次のように告げられます。

「あなたは何をしたのです。あなたの弟の血の声が土の中からわたしに叫んでいます。今あなたはのろわれてこの土地を離れなければなりません。この土地が口をあけて、あなたの手から弟の血を受けたからです。あなたが土地を耕しても、土地は、もはやあなたのために実を結びません。あなたは地上の放浪者となるでしょう」。(創世記四・一〇―一二)

アダムが罪を犯したとき、神は地ののろいを宣告しておられました。「地はあなたのためにのろわれ、あなたは一生、苦しんで地から食物を取る」と言われました(創世記三・一七)。木の実がいくらでも実り、いくらでも食することのできた楽園生活は失われ、苦労して地の産物を得なければならないようになりました。しかし、カインに対しては、「土地は、もはやあなたのために実を結びません」と言われました。地ののろいは拡大し、より深刻なものとなりました。

「あなたの弟の血の声が土の中からわたしにさけんでいます」、「この土地が口をあけて、あなたの手から弟の血を受けた」と言われます。無実の人の血が流されたことにより、土地ののろいが一層重いものとなりました。

罪が拡大するに従い、地を覆うのろいも拡大し、深刻化します。人々が罪に飲み込まれるに従って、地はいよいよのろいに覆われていきます。このような悲惨の拡大がとどめられるためには、贖いの血が流される必要がありました。後に、新約聖書の記者の一人は、こう書いています。「アベルの血よりも力強く語るそがれた血」（ヘブル一二・二四）。これは御子イエス様の血のことを語るものです。この血が流された故、私たちには希望があります。

三、罪の凶暴性の増大

地の放浪者となるべく宣告を受けたカインは、「わたしを見付ける人はだれでもわたしを殺すでしょう」と言いました。これに対して、神様は、「だれでもカインを殺す者は七倍の復讐を受ける」と言われ、一定の保護を与えることを告げられました。これは、のろいの宣告を受けた者への神の憐みだったでしょう。

しかし、その後、カインの子孫が増え広がる中、レメクという人物が現われます。この人はアダとチラという二人の妻を持ちました。そして、ある時、彼は二人の妻に対してこのようなことを語りました。

「アダとチラよ、わたしの声を聞け、レメクの妻たちよ、わたしの言葉に耳を傾けよ。わたしは受ける傷のために、人を殺し、受ける打ち傷のために、わたしは若者を殺す。カインのための復讐が七倍ならば、レメクのための復讐は七十七倍」。（創世記四・二三、二四）

おそらく、カインの子孫たちは、「カインを殺す者は七倍の復讐を受ける」という神の言葉を伝え聞いていたことでしょう。しかし、もともとはカインに対する神の憐みの言葉であり、神様による保護を意味する言葉であったはずが、レメクの場合は、自分自身が復讐するという言葉になっています。しかも、七倍でなく、七十七倍と、復讐の度合いは極度に強められています。まるで毒性を持つ細菌が培養され、毒性が強められることがあるように、カインの中に見られた罪の凶暴性は、レメクに至って何倍にも膨れ上がっているように思われます。

罪はそれ自体で終わりません。凶暴さを増し、周囲の人々の間に広がっていくことが多いのです。罪は拡大し、周囲の人々に大きな影響を与えます。私たちは小さな罪を軽んじることができません。小さな罪の間に、悔い改め、神様の赦しときよめを頂きましょう。それ以前に、小さな罪の誘惑にも惑わされることのないよう、神の憐みの御手によって守りを頂き、神の祝福の道を歩んでまいりましょう。

◇ 最近の事件の中で罪の恐ろしさを感じたことがありますか。

◇ 「罪が門口に待ち伏せています。それはあなたを慕い求めます。」とは比喩的表現ですが（創世記四・七）、罪のどんな性質を表わしていると思いますか。

◇ 今回の学びを通して、神様にどんな祈りをささげたいですか。

第7章　ノアの箱舟　――ノア　創世記六・五―一二

時代が進むにつれて、地上にはますます罪悪が満ちていきます。これに対して、神様は遂に地上の生き物を洪水によって滅ぼすことを決意されます。しかし、その中で、ノアとその家族だけは箱舟によって助け出されます。有名なこの出来事は、私たちにいくつかの大切な事柄を示しています。

一、悔いる神

主は人の悪が地にはびこり、すべてその心に思いはかることが、いつも悪い事ばかりであるのを見られた。主は地の上に人を造ったのを悔いて、心を痛め、「わたしが創造した人を地のおもてからぬぐい去ろう。人も獣も、這うものも、空の鳥までも。わたしは、これらを造ったことを悔いる」（創世記六・五、六）

人の悪は地にはびこっていました。人の心に思いはかることが、いつも悪い事ばかりという状態に、神様はそのお心を痛めなさいました。「主は地の上に人を造ったのを悔いて」、「わたしは、これらを造ったことを悔いる」とは、神様のお心の痛みが極まっている様子を表現しています。神のかたちに創造したはずの彼らが、神のかたちとは似ても似つかぬ姿となっている有様に、悔いるはずのない神様が人間の創造を悔いておられます。

悪がはびこり、暴虐が地に満ちたとき、神はそれを放置することをよしとはされませんでした。心痛みつつ、「人を地のおもてからぬぐい去ろう」（創世記六・七）、「すべての人を絶やそう」、「彼らを地と共に滅ぼそう」（創世記六・一三）と決心されました。

神様は確かに私たちを愛してくださるお方ですが、人間の罪悪を放置することのできない正しいお方でもあります。心痛みつつ、引き裂かれる思いの中でも、彼らを滅ぼすことを決意されました。

後で見るように、この時のような世界的規模の洪水は、この時限りのものとされました。しかし、人間の罪悪が満ちたとき、それをそのままにはなさらず、正しい裁きをもって処せられる神の御姿は、この後、旧約聖書の中に繰り返し表されます。悔いる神……人間の罪悪に対して痛みつつ裁かれる神の御姿を、私たちはしっかりと受け止める必要があります。

二、箱舟による救い

ただし、わたしはあなたと契約を結ぼう。あなたは子らと、妻と、子らの妻たちと共に箱舟にはいりなさい。(創世記六・一八)

大雨は四十日間降り続き、五か月の間、水が地の全面を覆いました。しかし、神はノア家族のために箱舟を用意されました。箱舟に入った彼らと動物たちは洪水から守られ、命を永らえることができました。

箱舟は何故ノアたちに与えられたのでしょうか。「ノアはその時代の人々の中で、正しく、かつ全き人であった。ノアは神と共に歩んだ。」(創世記六・九)ノアが神の前に正しく生きる信仰者であったことは確かです。人間の罪悪が満ちたその時代にあって、ノアが正しい生き方を貫いていること、神と共に歩もうと日々心を砕いていたことを、神は確かに見ておられました。ここでノアが選ばれた理由がそのようなノアの正しい生き方であったのは間違いないことでしょう。

しかし、洪水から助かった後には、ノアも気が緩んだのでしょうか。お酒の失敗をしてしまったことが記録されています。ノア自身、完全無欠というわけではありませんでした。まして、その家族は、ノアの家族であったというだけで、特にすぐれた人物であったとは記されていません。救いへの選びは、神の憐みのゆえであったことも確かです。

とにかく、神様はノア家族のために箱舟を備えられました。彼らが箱舟に入るためには、「箱舟を造りなさい」、「箱舟にはいりなさい」という神の言葉に従う必要がありました。一口に箱舟を造ると言っても、それはかなり困難な作業となったことでしょう。しかし、ノアはご命令に従いました。

ノアはすべて神の命じられたようにした。（創世記六・二二）

ノアにとって神の言葉は、真剣に受け止める必要のあるものでした。どんなに困難があっても従うに足る、信頼すべきものでした。「信仰によって、ノアはまだ見ていない事がらについて御告げを受け、恐れかしこみつつ、その家族を救うために箱舟を造り、その信仰によって世の罪をさばき、そして、信仰による義を受け継ぐ者となった。」（ヘブル一一・七）

三、契約による救い

箱舟による救いは、契約による救いでもありました。その契約は、箱舟に入ることを条件として、彼らの命を保たせるというものでした（創世記六・一八―二〇）。神様はノアとその家族のためにこの契約を忠実に守られました。

ノアとの契約は、その後さらに拡大されます。一年以上にわたる箱舟生活の後、彼らが再び地の上に立ったとき、神様は地上に残されたノア家族とその子孫との間に契約を結ばれました。

「わたしはあなたがた及びあなたがたの後の子孫と契約を立てる。(略)わたしがあなたがたと立てるこの契約により、すべて肉なる者は、もはや洪水によって滅ぼされることはなく、また地を滅ぼす洪水は、再び起らないであろう」。(創世記九・八―一一)

もちろん、この後も、大小の洪水は地に起きました。しかし、ノアの時のように、全人類を滅ぼすような世界的規模の洪水は二度と起こさないとの約束でした。神様はこの約束に対して、一つのしるしを指定されます。

すなわち、わたしは雲の中に、にじを置く。これがわたしと地との間の契約のしるしとなる。(創世記九・一三)

虹は雨雲の中に現れます。雨雲を見れば、すさまじい洪水を経験したノアたち家族は不安になったことでしょう。しかし、雨雲の中に現れる虹を見ると、彼らは神がこの時与えられた契約を思いおこすことができました。「神様は確かに約束された。洪水によってすべてを滅ぼすことはしないと。」人間の罪悪はこの後も繰り返されます。その度に、人間の罪悪への神の裁きも繰り返されます。しかし、神の契約、神の約束は変わらずに果たされ続けます。その後、神が様々な時代に結ばれた色々な契約は、神の救いのご計画を徐々に明らかにしていきます。どれほど痛い目に遭っても繰り返される人間の失敗に対して、神の契約だけが変わらないものとして立つ……これが聖書の一貫して示していることです。そして、その延長線上にイエス・キリストによる救いも備えられます。

ノアと共に私たちも、雨雲に現れる虹を見上げるとき、神様の変わらない言葉の真実さを見上げることができるでしょう。神の言葉に信頼し、お従いして歩んで参りましょう。

◇　虹を見ると、どんな気持ちがしますか。
◇　ノアの箱舟の出来事を学ぶ中で、あなたの心に最も迫ることは何ですか。
◇　現代の箱舟であるイエス・キリストの救いをあなたはどう考えますか。

第8章　祝福の計画　――アブラハム①　創世記一二・一―六

ノアの時代以降、人類は再び地に増え広がります。しかし、悲しいかな、人間は再び神様の前に高慢になり、神様によって全地に散らされるということも起こります。

このような中、創世記一一章の終わりにアブラムという人物が登場します。（後にアブラハムと呼ばれますので、ここではアブラハムと呼びます。）神はこの人物との間に約束を与え、アブラハムを通して神様の大きなご計画を進めようとされます。それは、全人類のための祝福の計画でした。この約束がどのようなものであったか、二つの面から見てみましょう。

一、祝福となれ――神の計画

わたしはあなたを大いなる国民とし、あなたを祝福し、あなたの名を大きくしよう。あなたは祝福の基となるであろう。あなたを祝福する者をわたしは祝福し、あなたをのろう者をわたし

はのろう。地のすべてのやからは、あなたによって祝福される（創世記一二・二、三）

アブラハムに告げられた神の言葉の中には、「祝福」または「祝福する」という言葉が五回現われます。これまで創世記に描かれてきた人間の歴史を見るとき、人間がいかに神様の前に罪深く、弱く、愚かな存在であるかが分かります。このような人間の実情だけを見れば、人間の歴史は陰鬱なものとなるだろうと、誰でも予測するのではないでしょうか。しかし、ここには突然のように、「祝福」という言葉が繰り返し現れます。人間の罪深さ、愚かさにも関わらず、神は一方的な恵み、憐みにより、祝福の計画を示されます。

しかも、その計画の真ん中に年老いた老人（七五歳）を置いたということは、何とも不思議なことです（創世記一二・四）。神の計画はとても壮大です。神様はアブラハムを大いなる国民とし、彼を祝福すると言われました。それだけでなく、地のすべての者が彼を通して祝福を受けるとも言われました。目も眩むような壮大な計画でしたが、その計画をアブラハムという一人の人物を通して進めようと言われるのでした。

「祝福の基となるであろう」と訳されている部分は、直訳的には「祝福となれ」と訳されます（聖書新改訳２０１７参照）。神様はアブラハムが祝福そのものとなり、祝福の源となることを願われました。そして、アブラハム自身にもその神の計画をしっかりと受け止めてほしいと願われました。「祝福となれ」という言葉には、そのような神の熱いお心が表れているようです。

創世記、そして旧約聖書を続いて読んでいくとき、神の計画は特にアブラハムの子孫であるイスラエルの民を通して実現されていく様子を見ることができます。さらに新約聖書を読むなら、アブラハムの子孫として誕生されたイエス・キリストを通して、世界に神の祝福のみわざが広げられていく様子を見ることができます。まさに、アブラハムは神の大きな計画の中で祝福の源とされていきました。

神の計画は、人間の思いや考えを超えています。悲しみや痛みに満ちたこの世界に、神様でしか考え得ない不思議な方法で祝福の計画を進められます。

以前、障害のある方々に対する働きに取り組んでいる韓国の牧師のお話を伺いました。そのお話の中で、「祝福の通路」という言葉が心に残りました。

障害ある方々が最初に教会に来られる時、多くの場合暗い顔をしておられるそうです。しかし、その方が生けるまことの神様、救い主なるイエス様のことを聞き、信じるようになると、明るい顔に変っていくそうです。そして、そのことは、本人だけでなく、家族の方々にも大きなインパクトを与えます。そのような中からイエス様を信じる方々が多く起こされているそうです。彼らは今神の「祝福の通路」として用いられていると、その牧師はお話しくださいました。

二、信仰による応答

あなたは国を出て、親族に別れ、父の家を離れ、わたしが示す地に行きなさい。（創世記一二・一）
アブラムは主が言われたようにいで立った。（創世記一二・四）

神様は人類に対する一方的な恵み、憐みによって、祝福の計画を定められました。しかし、この計画の進展のためには、人間の側での信仰による応答が必要でした。アブラハムはまさに、そのような信仰の応答をした人物でした。

「わたしが示す地に行きなさい」と言われたとき、その地がどんな場所であるか、どのような人々が住んでいるか、アブラハムには分かりませんでした。しかし、彼は神の言葉に信頼して、すぐに出発しました。

言うまでもなく、出発のためには、別れが必要です。「国を出て、親族に分かれ、父の家を離れ」とは、三重の離別です。慣れ親しんだ土地を離れ、異国での生活に向かうことは簡単にできる決断ではなかったでしょう。しかし、彼はただ神の言葉に信頼して旅立ちました。

当時、アブラハムが生れ育ったメソポタミヤ地方には、さまざまな偽りの神々（偶像）への信仰がありました。この地方からの旅立ちは、そのような偽りの神々と決別することでもありました。その道は彼にとっても厳しく険しいものに見えたかもしれません。しかし、アブラハムは、安易にそれまでの生活を続けることより、神に従い進むことが祝福に至ることであると信じて立ち上がりました。

新約聖書によれば、アブラハムの子孫として生まれたイエス・キリストに結びつくことにより、私たちも神の祝福の計画の中に組み入れて頂けることが分かります。私たちを神の祝福から遠ざけていた罪を悔い改め、キリストを信じることを通して、罪が赦され、内に聖霊が与えられて、祝福の生涯を歩むことができると言います（ガラテヤ三・一四）。もちろん、大きな神の計画の中で、私たち一人ひとりに対して具体的にどのような計画が備えられているか、すぐには分かりません。しかし、神の導きに耳を傾けながら、信仰をもって従い、進んでいくならば、私たち自身に神の祝福が注がれるだけでなく、私たちを通して神の祝福が周囲に広がっていくことでしょう。まさに、祝福の基、祝福の通路として生きることができます。

「祝福となれ！」……神様の招きにあなたもお応えになりませんか。

◇　あなたの将来に、神様が大きな祝福を備えておられると想像してみたことがありますか。

◇　創世記一一・三二には、アブラハムと共に、父テラの名前が出てきます。一一・三一、三二、一二・四、五を読んで、テラとアブラハムとの違いについて考えましょう。

◇　今日の学びを通して、神の祝福の通路となるために実行したい具体的なことがあるでしょうか。

第9章　確かな約束

――アブラハム②　創世記一五・一―一六

神がアブラハムに与えられた約束は祝福の約束でした。それは、具体的には、多くの子孫を与えることと、その子孫を約束の地カナンに住まわせることでした（創世記一二・二、七）。ところが、アブラハム夫妻は相当高齢であったにもかかわらず、子どもが産まれませんでした。アブラハムは、自分の家をしもべに継がせることを真剣に考え始めていました。

こういう中で、アブラハムの心の中では、神の約束がどうなるのか、疑問や心配が生まれていたことでしょう。しかし、ある時神はご自分の約束が変わらず、確かなものであることをアブラハムに示されました。

私たちも、神の約束の言葉を握って祈っていても、現実がなかなか変わらないとき、色々な疑問、心配が生まれます。そういう時、神の約束の確かさをもう一度心に留めることが必要となります。神様がアブラハムに対してどのように約束の確かさを示されたのかを見てみましょう。

一、天の星のように

しもべエリエゼルに家を継がせることを考えていたアブラハムに、神様は言われました。「この者はあなたのあとつぎになるべきではありません。あなたの身から出る者があとつぎとなるべきです。」そう仰ったあと、神は彼を外に連れ出されました。時は夜、天には満天の星が輝いていました。そして、次のように言われました。

「天を仰いで、星を数えることができるなら、数えてみなさい」。また彼に言われた、「あなたの子孫はあのようになるでしょう」。（創世記一二・五）

子孫どころか、一人の子さえも産まれず、高齢になって子ども一人与えられることも難しいと思われる中で、アブラハムに満天の星空を見上げさせながら、神は約束の確かなことを彼にお示しになりました。アブラハムのすばらしいところは、この神の言葉をそのまま信じたことでした。

「アブラムは主を信じた。主はこれを彼の義と認められた。」（創世記一五・六）

アブラハムも不安がなかったわけではありません。しかし、神様が満天の星を示しながら約束なさった言葉を、彼は素直に信じました。約束の実現の片鱗も見えないときに、ただお約束の言葉を信じる……それがアブラハムの示した信仰でした。私たちも、神の言葉による約束を前にしたとき、そのような信仰を持つことができれば幸いです。

二、約束のしるし

神様はアブラハムに対して、土地についても再度語られました。「わたしはこの地をあなたに与えて、これを継がせようと、あなたをカルデヤのウルから導き出した主です」（創世記一五・七）。子孫を増すことについて、天の星を示されたアブラハムは、地を継ぐことについても、何かしるしとなるものを頂きたいと考えたのでしょう。「主なる神よ、わたしがこれを継ぐのをどうして知ることができますか」と問います（創世記一五・八）。

このようなアブラハムの求めに対して、神はアブラハムに不思議な命令を与えられます。まず、雌牛と雌やぎ、雄羊等を連れて来させます。そして、それらを二つに裂き、互いに向かい合せに置かせます。

実は、これは古代において契約を結ぶときのやり方でした。すなわち、二人の人が契約を結ぶとき、動物を裂き、両者がその間を通ります。これは、もし契約を破ったならば、裂かれた動物のようになるという意味合いを持つ儀式でした。神様はそのような儀式を用いて、アブラハムとの間に約束の確証を与えようとされたのでした。

やがて日が沈み、暗やみになったとき、次のようなことが起こります。

煙の立つかまど、炎の出るたいまつが、裂いたものの間を通り過ぎた。（創世記一五・一七）

本来、約束する二人の者が一緒に動物の間を通るのが普通でしたが、ここでは神のしるしである煙と炎が動物の間を通りました。それは、この約束が神の側からの一方的なものであることを表わしていました。

暗やみの中に煙と炎が移動していく様子は、おそるべき出来事としてアブラハムに強い印象をもたらしたことでしょう。神はそのようにして、アブラハムに対して、約束の確かさを示されました。

三、長い歳月の後に

さて、神様が煙とたいまつの中に約束のしるしを与えられたとき、神は同時に、お約束の実現には時間がかかることもお示しになりました。アブラハムの子孫がすぐこの地に増え広がるのではなく、一旦は他の国に住むようになること、その間、四百年近い年月が流れること、その後、神がその国を裁き、彼の子孫は多くの財産と共にこの地に帰ってくること等を告げ知らされます。

満天の星の数のようになるという神の言葉も目も眩むようでしたが、このような長い歳月の後の出来事についての神様の言葉も、同様だったことでしょう。しかし、アブラハムはこの言葉を信じました。

この神の約束がその通りになったことは、旧約聖書を見ていくと確認することができます。そればかりか、新約聖書において、イエスを信じる者は霊的にアブラハムの子孫とされ、神の国を受け継ぐ者となります（ガラテヤ三・二九、エペソ四・一四）。

私たちの祈りは、しばしば性急にその実現を求めるものであるかもしれません。しかし、神の計画は多くの場合、長い時間を経て実現に向かいます。私たちは物事のごく一部しか見ていませんが、私たちの目から隠された多くのことがあり、神の計画の進展の中では、そのすべてが含まれているのです。私たちの目にはいたずらに時が過ぎるように見えたとしても、その中でなされる神のみわざがあります。

ジョージ・ミュラーは、イギリスで孤児院の働きを進めた人として有名ですが、彼は祈りの人としても知られています。「求めよ、そうすれば、与えられる」という聖書の言葉に信頼し、神の御心にかなう祈りは必ず応えられるとの信仰に立って生きた人でした。祈りが応えられた数々の証しを紹介しながら、こうも書いています。「すべての祈りが迅速に応えられたわけではないのです。時には数週間、あるいは数か月、もしくは数年もの間待たされました。(注1)」ある年の最初の六週間の間に、長年とりなしてきた六人の人が信仰に導かれたそうですが、彼らはミュラーが二年から二十年以上もの間祈り続けてきた方々でした。

神の約束の言葉に信頼しながら生きる人生は、目に見えるものに頼る生涯ではありません。目には見えませんが、目に見える何物よりも確かなもの……それが神の言葉です。あなたも、このような信仰によって生きてみませんか。

◇ 満天の星を見上げた経験がありますか。

◇ 創世記一五章のはじめには、神がアブラハムに対して「恐れてはならない」と語っておられることが記されています(創世記一五・一)。この時のアブラハムにはどんな恐れや心配があったと思いますか。

◇ 今のあなたにとって、目を留めるべき神の約束の言葉があると思いますか。

注1 ジョージ・ミュラー著『祈りの力』マルコーシュ・パブリケーション、三八―三九頁。

第10章　とりなしの祈り　――アブラハム③　創世記一八・一六―三三

アブラハムがカナンの地に住み、随分経って、神はアブラハムに現れ、翌年には妻サラとの間に念願の息子が産まれるという、驚くべき知らせを与えました。さらに続いて、神様はもう一つのことをアブラハムに示されました。それは、甥のロトが住むソドムやゴモラといった低地の町々では、罪深い生活をしている人々が多いこと、それゆえ神はそれらの町々を滅ぼそうとしておられるということでした。

この時、アブラハムはこれらの町々のために、神の前にとりなし祈りました。それは、アブラハムが祝福の基となるためにも大切な働きでした。もし私たちがアブラハムの霊的な子孫として、世界の祝福の基としての生き方をしようとするなら、とりなしの祈りは私たちにとっても大切な働きとなるでしょう。

一、神の計画を知らされ祈る

時に主は言われた、「わたしのしようとする事をアブラハムに隠してよいであろうか。アブラハムは必ず大きな強い国民となって、地のすべての民がみな、彼によって祝福を受けるのではないか。(創世記一八・一七、一八)

神がソドム、ゴモラの町々を滅ぼそうと考えられたとき、そのことをアブラハムに隠したまま事を進めようとはされませんでした。アブラハムを世界の人々の祝福の源とすることを約束された神様は、世界に対する計画の大切な部分をアブラハムと分かち合いたいと思われたようです。

神様は次のように告げられました。「ソドムとゴモラの叫びは大きく、またその罪は非常に重いので、わたしはいま下って、わたしに届いた叫びのとおりに、すべて彼らがおこなっているかどうかを見て、それを知ろう」(創世記一八・二〇、二一)。

神の考えを知ったアブラハムは、ソドムの町に住む甥のロト家族のことも心配になったでしょう。しかし、それだけでなく、ソドムとゴモラの町に住む多くの人々のことを考えました。町全体が滅ぼされてしまうことに痛みを覚え、アブラハムは神に祈り始めます。ここから、アブラハムの大胆で勇敢とも見える祈りが始まりました。

しかし、この祈りは、もとはと言えば、神様のほうからアブラハムに促された祈りでした。世界に対する神の計画を知ってとりなし祈ること、それはアブラハムが祝福の基として生きるために欠かせない大切な務めだと、神は考えられたようです。

私たちは聖書全体を通して、世界に対する神の計画を知らされます。知った者は、それだけでとどまらず、全世界のために祈る責任があります。神はそのような祈りを通して、私たちが祝福の基としての生き方をするように願っておられます。

二、とりなし祈る

その人々はそこから身を巡らしてソドムの方に行ったが、アブラハムはなお、主の前に立っていた。アブラハムは近寄って言った、「まことにあなたは正しい者を、悪い者と一緒に滅ぼされるのですか。（創世記一八・二二、二三）

神様からソドム、ゴモラの町々に対する計画を知らされたアブラハムは、神に向かい、その町々のために祈り始めます。これは、「とりなしの祈り」として知られる祈りです。誰かについて神様にとりなし祈るとは、どういうことでしょうか。それは、神とその人との間に入って、その人のために最善のことがなされるよう、神に祈ることを意味します。

アブラハムは神の前に立っていました。滅びようとする町々のことを覚えながら、神様に祈ろうとして立っていました。

この箇所の原文は、もともと「神はなお、アブラハムの前に立っていた」というものだったという可能性が指摘されています。そうだとしたら、神様はアブラハムに計画を知らされた後、アブラハムがこの町々のために何かをするよう、待っておられたのでしょう。アブラハムは、神の促しとご期待に見事に応えました。彼は罪に満ち、今にも滅ぼされようとする町々のために、祈り始めました。

聖書を見ると、しばしば偉大な神のしもべたちがとりなし祈る姿を目にすることができます。モーセしかり、多くの預言者たちもしかりでした。それだけでなく、キリストもまたとりなし祈っています。その姿は、とりなしの祈りの究極の姿と言えます。とりなしの祈りは、人間が神の前でなしうる最も偉大な働きの一つと言えるでしょう。

「たとい神を知っていても　自分と友のために　祈りの手をあげないなら　そんな人は　限られた生活しか知らない　羊ややぎにまさるところがあろうか[注1]」。

三、対話しつつ祈る

アブラハムの祈りは、単なる一方通行の祈りではありませんでした。神様から語られる所を聞き取りながら、神の前に祈りを深めていくというものでした。

その祈りは、まず「五十人」から始まりました。「五十人の正しい者があっても、あなたはなお、その所を滅ぼし、その中にいる五十人の正しい者のためにこれをゆるされないのですか」とアブラハムが祈ると、神は答えられました。「もしソドムで町の中に五十人の正しい者があったら、その人々のためにその所をすべてゆるそう」。

しかし、それを聞いたアブラハムは、「五十人」という数字に確信が持てなくなってきたのでしょう。「もし四十五人いたら」と問うと、神様は「四十五人いたら、滅ぼさない」と言われました。そう言われると、その数字にも確信が持てなくなり……という具合で、アブラハムの祈りは、次第に人数を小さくしていきます。「四十人いたら」、「三十人いたら」、「二十人いたら」と続き、遂に、「十人いたら」という祈りになりました。神は、言われました。


「わたしはその十人のために滅ぼさないであろう」。（創世記一八・三二）

その祈りは何と大胆だったことでしょう。少々厚かましすぎるとさえ思われる祈りです。しかし、神様はそのようなアブラハムの祈りに、一つひとつ、丁寧に応えていかれます。それはまさに神が彼に期待していたとおりの祈りだったと言えるでしょう。

残念なことに、町には、十人の正しい人さえいなかったようです。ソドム、ゴモラの町は滅ぼされ、アブラハムの甥ロトと、その娘たちだけが助かります。一見、アブラハムの祈りは無駄に終わったように見えます。しかし、そうではありません。世界の祝福の基として生きるとはどういうことであるか、その祈りを通して私たちに教えています。「このように祈ること、それが世界の祝福の基として生きることだ」と告げているかのようです。

今、私たちの周囲には、神様が心を痛める多くのことに満ちているのではないでしょうか。祝福の基として生きるとは、目に留まった一つひとつのことから目を背けず、それらを抱えながら、神の前に行くこと、そして、関わる多くの人々のためにとりなし祈ることではないでしょうか。

◇　最近心を痛めた出来事は何ですか。

◇　神はソドムやゴモラを滅ぼそうとするお考えを、なぜアブラハムに知らせたと思いますか。

◇　神様が今あなたにとりなし祈ってほしいと願っておられることがあると思いますか。

注1　F・B・マイアー著『信仰の高値めざして』（いのちのことば社、一九八頁）。

第11章　大きな試練

——アブラハム④　創世記二二・一—一四

高齢になっていたアブラハム夫妻に、念願の息子が誕生しました。名はイサクと名付けられました。喜びの笑いに包まれる中、イサクは大きくなり、青年期に達していました。ところが、この時、神様はアブラハムに大きな試練をお与えになりました。

私たちはアブラハムが経験したような大きな試練を受けることはないかもしれません。しかし、大なり小なり、私たちも試練を受けることがあります。アブラハムがどのようにその試練を受け止めたかを学びながら、試練の中での信仰者のあり方を考えてみましょう。

一、大きな試練

神様がアブラハムに与えた試練は、次のようなものでした。

これらの事の後、神はアブラハムを試みて言われた（中略）「あなたの子、あなたの愛するひとり子イサクを連れてモリヤの地に行き、わたしが示す山で彼を燔祭としてささげなさい」（創世記二二・一、二）

奇跡的に与えられたイサクを神へのいけにえとしてささげることとは、全く理不尽なことに思えました。神がなぜそのようなご命令を与えられたのか、アブラハムには分からなかったでしょう。神様はアブラハムがいかにイサクを愛しているか、ご存じなかったのではありません。「あなたの愛するひとり子イサクを連れて」と言われましたから、重々承知の上で、その命令を与えられました。それはアブラハムにとって乗り越えることが簡単な試練では決してありませんでした。

おそらく、それはアブラハムにだけ与えられた特別な試練であったと考えるべきでしょう。アブラハムのための祝福の約束は、彼の子孫を通して世界の民を祝福しようというものでした。そこには、アブラハムの子孫として生まれるイエス・キリストを通して、全世界を救おうという神の計画も含まれていました。アブラハムが受けた祝福の約束は、アブラハムだけに与えられた特別な約束でした。それだけに、アブラハムが受けた試練もアブラハムだけに与えられる特別なものだったと言えます。

ですから、私たちはいつかアブラハムのような試練が神様から与えられるかもしれないと考えて恐れる必要はありません。しかし、大なり小なり、信仰者の歩みの中に試練が起こるのも事実です。私たちが実際に試練に直面した時には、つぶやいたり疑ったりしないで、試練の向こうに神様が祝福を備えてくださっていることを、まずはしっかり受け止めましょう。

二、即座の従順

アブラハムは朝はやく起きて、ろばにくらを置き、ふたりの若者と、その子イサクとを連れ、また燔祭のたきぎを割り、立って神が示された所に出かけた。（創世記二二・三）

神の命令に対して、アブラハムの中に葛藤や疑問がなかったはずはありません。「せっかく奇跡的に与えられた子供なのになぜ」、あるいは、「子孫を大いなる国民とするとの神様の約束はどうなるのか」といった疑問が彼の心の中を行き交ったことでしょう。しかし、少なくとも外見上彼が取った行動は、遅滞なき従順でした。彼は、「朝はやく起きて」イサクと共にモリヤの山に向かったのです。ある場所まで来ると、若者たちをその場に残し、イサクと二人でモリヤの山に向かいます。「火とたきぎとはありますが、燔祭の小羊はどこにありますか」とイサクが尋ねたとき、アブラハムの心はどんなだったことでしょう。やっとの思いで、「子よ、神みずから燔祭の小羊を備えてくださるだろう」と答えたものの、その後の沈黙の中で、この親子はどんな思いで山に向かったことでしょうか。

しかし、とにもかくにも、彼らは目指す山を目指して進みました。

即座の従順……それは、恐らく、アブラハムが自らの生涯の経験の中から選びとるようになった方針だったのでしょう。神の命令は、それがどんなものであったとしても即座に従うことが最善であるということを、失敗も含め、数々の経験を通して学び取っていたに違いありません。彼の中には、「いつでもどこでも何であっても神様に即座にお従いしよう、それが一番よいことなのだ」という確信があったのでしょう。

三、アブラハムの心

アブラハムの行動は最後まで揺らぎませんでした。イサクを縛って祭壇のたきぎの上に載せ、刃物を執ってその子を殺そうとしました。しかし、ここで天からのストップがかかりました。「アブラハムよ、アブラハムよ」と神様は声をかけて、次のように言われました。

「わらべに手をかけてはならない。また何も彼にしてはならない。あなたの子、あなたのひとり子をさえ、わたしのために惜しまないので、あなたが神を恐れる者であることをわたしは今知った」。(創世記二二・一二)

「試み」は、「心を見ること」と言えるでしょう。神様は、アブラハムに試みを与えられました。おそらく、最愛の子イサクへの思いのゆえに、葛藤や痛みがなかったはずはありません。あるいは、それまでのアブラハムの中には、イサクを溺愛し、イサクへの思いが神への信仰と愛を上回るものになる危険性があったのかもしれません。しかし、この試みの中でアブラハムが選び取った行動は、彼が神を恐れ、神を信じ、何にもまさって神を愛する者であることを示していました。神様はアブラハムの心をしっかりと受け止められました。大いなる試練でしたが、その試練の中でアブラハムは、神に対する愛と信仰とを鮮やかに示すことができました。

四、神の心

アブラハムがふと見上げると、角をやぶに掛けている一頭の雄羊が目に入ります。アブラハムはその羊を捕え、それをイサクのかわりに燔祭としてささげます。そこで、アブラハムはその場所を「アドナイ・エレ」（主が備えて下さるとの意）と呼びます。

それでアブハラムはその所の名をアドナイ・エレと呼んだ。これにより、人々は今日もなお

「主の山に備えあり」と言う。（創世記二二・一四）

この出来事の中に、私たちはアブラハムの心（神への信仰、愛）を見ます。しかし、ここには神の心が表れていることを見逃すことはできません。このモリヤの山には後に神殿が建てられます。そのすぐ近くで、やがて神の御子イエス・キリストは十字架につけられます。アブラハムは、「愛するひとり子」イサクをこの山でささげようとしましたが、神によってストップがかけられました。しかし、神の愛するひとり子イエス・キリストが十字架につけられようとするとき、天からのストップはかかりませんでした。釘はイエス様の両手両足を刺し貫き、全人類の罪のための贖いのみわざは最後まで実行されました。そこには、全人類を救おうとする神の心が表われています。

私たちに対する神様の深い愛を覚えつつ、様々な試練の中にも静かな信頼をもって神様にお従いして参りましょう。

◇ 自分の人生最大の試練について、思い起こすことができますか。

◇ モリヤの山に向かうアブラハムの心の中を想像してみましょう。

◇ 今、神様があなたの心を見ようとして与えておられる試練があると思いますか。あなたはその試練をどのように受け止めようとしていますか。

第12章　神の導きを求めて

——イサク①　創世記二四・一—二一

アブラハムは年老い、息子イサクも婚期を迎えました。息子の妻となるべき女性を見出すために、アブラハムは信頼するしもべを自分の生まれ故郷、親族のもとに遣わします。神の不思議な導きの中で、親族の中からリベカという女性がイサクとの結婚相手として見出されます。これにより、アブラハムに約束された祝福は、次の世代へと受け継がれることになります。

この出来事の中で、アブラハム、そのしもべ、またリベカの家族、そしてリベカ自身、それぞれが神の導きを求めます。彼らはどのように神の導きを求め、またその導きにどう応答したでしょうか。

一、神の言葉に立つ

アブラハムがしもべをわざわざ遠い生まれ故郷まで遣わしたのは何故でしょうか。それは、生けるまことの神への信仰を持つ娘を見出すためでした。アブラハムの親族の中にそのような娘を見出すことができるのではないかと考えたようです。逆に、アブラハムたちが当時住んでいたカナンの地には、そのような娘を見出すことができなかったのでしょう。

ところで、しもべは、アブラハムの郷里に遣わされるにあたり、一つの質問をしました。「もしその女がわたしについてこの地に来ることを好まない時は、わたしはあなたの子をあなたの出身地に連れ帰るべきでしょうか」（創世記二四・五）。アブラハムの答は次のようなものでした。

わたしの子は決して向こうに連れ帰ってはならない。天の神、主はわたしを父の家、親族に地からわたしを導き出してわたしに語り、わたしに誓って、おまえの子孫にこの地を与えると言われた。（創世記二四・六、七）

ですから、もしイサクの妻となるにふさわしい女性が見つかった場合でも、カナンの地に来ることを好まない場合は、彼女を無理に連れて来る必要はないということでした。

アブラハムの心にあったのは、いつも神から頂いた約束の言葉でした。カナンの地に導かれ、その地についたとき、神様は言われました。「わたしはあなたの子孫にこの地を与えます」（創世記一二・七）。もし郷里の地でイサクの妻となるべき女性を見出したとしても、イサクが郷里に戻るようなことがあってはならない、それ位ならその女性との結婚もあきらめるべきだと、アブラハムは考えたのでしょう。

信仰者の生涯においても、様々な場面で選択を迫られることがあります。その時、神からの言葉がその選択の土台となるべきです。

二、神の導きを求める

さて、主人アブラハムの郷里に着いたしもべは、イサクの妻となるべき女性をいかにして探し出したのでしょうか。それは一風変わった方法でした。

時は夕暮れ、井戸のそば、間もなく町の娘たちが井戸に水を汲みにくる頃です。ここでしもべは神に祈ります。娘にむかって、水を飲ませてくれるように頼んだとき、彼に水を飲ませてくれるだけでなく、らくだにも飲ませてくれる娘がいたなら、その者こそイサクのために定められた者ということにしてほしい、と。

わたしはこれによって、あなたがわたしの主人に恵みを施されることを知りましょう（創世記二四・一四）

もちろん、いつでもこのような方法がうまくいくというわけではないでしょう。しかし、この時、このしもべの祈りに神はお答えになりました。

そこにたまたまのように来たのが、アブラハムの親族に当たる娘リベカでした。彼女が井戸の水を汲み終わったとき、しもべは先に神様に願ったように、リベカに水を求めます。リベカは、しもべに水を与えるだけでなく、再び井戸に走り、水を汲んでらくだにも飲ませます。しもべは、「この娘だ！」と考え、彼女の家族に会い、事情を説明するのです。

しもべが取った方法は、一見、行き当たりばったりのようにも見えます。しかし、彼なりに考えた結果でしょう。イサクの妻となるべき女性は、人を思いやることのできる、心優しい人であるべきだと考えたのかもしれません。しかし、何にもまさって彼が求めたのは、神の導きでした。

神様は私たちの生涯を導くために、無限の方法を持っておられます。み言葉の真理に立ちつつも、具体的な選択の決断のために迷いこともあります。しかし、私たちがまず神の導きを祈り求めるなら、神様は私たちの生涯を一歩一歩導いてくださいます。

三、神の導きに従う

しもべはリベカに事情を話します。リベカは彼を自分の家族に会わせます。しもべは改めて、リベカの兄ラバンや父親であるベトエルの前で、事の経緯を話しました。彼らもまた、そこに神の導きを感じ取ることができたようです。やがて彼らはこのように答えます。

この事は主から出たことですから、わたしどもはあなたによしあしを言うことができません。

（創世記二四・五〇）

あとは、リベカ本人の決断となります。しもべと一緒にすぐにでも行くかと問われたリベカは答えます。

「行きます」。（創世記二四・五八）

リベカも、その家族も、そこに神の御心を感じ取り、確信して、まだ見知らぬイサクとの結婚を決断します。彼らは、神の導きであるならば、色々な困難な状況をも乗り越えて、最善がなされることを信じたのではないでしょうか。

私は韓国人のクリスチャン女性との結婚を導かれました。それまで深い交際があったわけでもなく、国籍も違う中での話ですから、本当に神の御心にかなったことであるのか、明確なものを求めないわけにはいきませんでした。神様に祈りつつ問う時期が続きましたが、やがてこの結婚をよしとしてくださる神の御声が響いてきました。

後で聞いた話ですが、私が祈っている間、話を聞いた私の父も、国籍の違いを気にして随分祈ったそうです。やがてラバンたちが語った言葉が心に響いてきたそうです。「この事は主から出たことですから、わたしどもはあなたによしあしを言うことができません」と。

真剣に神の導きを願うなら、神様は明確な導きを与えてくださいます。示された導きに対して、信仰を持ってお従いするなら、神は私たちの信仰を祝福し、さらにはその祝福を家族や周囲の方々に広げてくださいます。神に導かれる生涯こそ、最高、最善の生涯です。

◇　何かの選択のために、祈っていることがありますか。
◇　イサクとリベカとの結婚への導きの過程で、特に印象に残ったことはどんなことですか。
◇　神の導きに従って歩むために、今後心がけたいことがありますか。

第13章　争いから祝福へ　――イサク②　創世記二六・一二―二五

アブラハムに神が約束された祝福は、息子イサクにも注がれました。彼が種をまくと、百倍の収穫を得るほどでした。羊や牛の群れも徐々に大きくなりました。しかし、神からの祝福はしばしば人々からのねたみを受けるきっかけにもなります。イサクの場合も、ペリシテ人からのねたみを受け、父アブラハムから受け継いだ井戸をふさがれてしまいます。そればかりか、住んでいた地を立ち去るよう、ペリシテの王から命じられます。

神を信じる者の生涯は、祝福の生涯ではありますが、平穏無事の生涯ではありません。地上にあっては、敵意や争い、ねたみの中に置かれることもあります。しかし、そのような時こそ、信仰を働かせるべきときです。信仰によって正しい態度で進むなら、敵意や争いの中からも更なる祝福へと導かれます。イサクの態度から学びましょう。

一、争いと敵意

イサクはそこを去り、ゲラルの谷に天幕を張ってその所に住んだ。（創世記二六・一七）

井戸は当時の人々にとっての生活必需品です。遊牧民にとっては、羊や牛に水を与えるためにも必須のものでした。父アブラハムが掘った井戸として所有権を主張することもできたはずです。しかし、その地においては父アブラハムも遠方の地からやってきたよそ者に過ぎません。ペリシテの王に退去を命じられては、立ち去る他ありませんでした。

この時から、イサクとしもべたちはあちこちを転々としては、井戸を掘ります。しかし、それは人々から争いをしかけられることの連続となります。

しかしイサクのしもべたちが谷の中を掘って、そこにわき出る水の井戸を見つけたとき、ゲラルの羊飼たちは、「この水はわれわれのものだ」と言って、イサクの羊飼たちと争ったので、イサクはその名をエセクと名づけた。彼らが彼と争ったからである。彼らはまた一つの井戸を掘ったが、これをも争ったので、名をシテナと名づけた。（創世記二六・一九—二一）

一つ井戸を掘っては、その地の羊飼いたちによって所有権を主張され、争いを起こされます。イサクはその度に井戸をあきらめ、他の地に井戸を掘ります。最初の井戸には、「争い」という意味を持つ「エセク」と名づけます。次の井戸には、「敵意」を意味する「シテナ」と名づけます。イサクが経験した出来事は、心痛ませるものであって、決して耐えやすいものではなかったでしょう。しかし、彼は争わず、場所を変えては井戸を掘ります。それは、争いを好まない彼の性格によるものだったかもしれません。しかし、彼の心の中で励ましを与え、支え続けたのは、神がアブラハムに与え、イサク自身にも与えた祝福の約束ではなかったでしょうか（二六・二―五）。

神は信じ従う者を祝福に導いてくださる……この確信が私たちを不要な争いを遠ざけ、柔和と忍耐をもって前に進むことを可能にします。

二、広い場所

イサクはそこから移ってまた一つの井戸を掘ったが、彼らはこれを争わなかったので、その名をレホボテと名づけて言った、「いま主がわれわれの場所を広げられたから、われわれはこの地にふえるであろう」。（創世記二六・二二）

エセクを去り、シテナを去った後、イサクはもう一つの井戸を掘ります。そして、彼らはようやく争いのない状態を経験します。そこで、彼らはその井戸をレホボテと名づけます。それは、「広い場所」という意味の言葉でした。この名前の中に、「神様が、この広々とした、争いのない、開かれた地を備えて下さった」との喜びがあふれています。

後にイエス・キリストは、次のようなことを人々に教えられました。「柔和な人たちは、さいわいである。彼らは地を受けつぐであろう」(マタイ五・五)。力のある人や賢い人が地を受けつぐのではありません。柔和な人たちが地を受けつぐと言われました。神様は、無用の争いを避け、柔和をもって進もうとする人々を放ってはおかれない、必ず「広い場所」に導いてくださる、地を受けつぐ者となるということでしょう。イサクはまさにその生き証人のような生き方をした人物であったと言えるでしょう。

三、礼拝の地

ようやく平和な生活を得たイサクは、しかし、そこからベエルシバという地に上ります。その場所は、アブラハムが「永遠の神、主の名を呼んだ」場所でした(創世記二一・三三)。彼がその地に上ると、神様が彼に現れます。

その夜、主は彼に現れて言われた、「わたしはあなたの父アブラハムの神である。あなたは恐れてはならない。わたしはあなたと共におって、あなたを祝福し、わたしのしもべアブラハムのゆえにあなたの子孫を増すであろう」。それで彼はその所に祭壇を築いて、主の名を呼び、そこに天幕を張った。（創世記二六・二四）

それは、祝福の約束の更新を意味する神からの言葉でした。その所でイサクは父アブラハムがしたように、祭壇を築き、神の名を呼び、神を礼拝しました。

困難の中で私たちは神を見上げ、祈り、叫びます。しかし、困難が去ると、神様に真剣に向き合うことが薄れてしまうことがあります。まさに、「困った時の神頼み」です。

しかし、イサクは、争いから解放され、平和を回復したとき、神への礼拝の場所に進みました。あらゆる祝福の源である神の前に行きました。このお方から離れて祝福はなく、平和も真の繁栄もないことを知っていたからです。

地上には、様々な争いや敵意、苦しみや悲しみがあります。しかし、私たちを顧み、広い平和な場所に導いてくださる方こそ、神様です。このお方を見上げ、礼拝しながら、信頼しつつお従いして参りましょう。

◇最近、自分が争いごとに巻き込まれたり、周囲に争いごとを見聞きしたりしたことがありますか。
◇自分がイサクだとしたら、自分たちが掘った井戸の所有権を他の人々から争われたらどうすると思いますか。
◇これまで様々な困難から助けてくださったことを思い出しながら、神に感謝の祈りをささげましょう。

第14章　なぜヤコブなのか　――ヤコブ①　創世記二五・一九―三四

イサクとリベカとの間には、双子の兄弟が生まれました。兄はエサウ、弟はヤコブと名づけられました。弟ヤコブは、生まれてきた時、先に生まれたお兄さんのかかと（ヘブル語でアーケーブ）をつかんでいました。そのため、彼の名がヤコブと名づけられたのですが、これは大変暗示的なことでした。

彼らが成長してからのことですが、当時、長男の特権が大きい中にあって、ヤコブは兄エサウの長子としての特権を、簡単な策略により譲り受けることに成功します。また、後には、父イサクをだますようにして、お父さんの祝福の祈りを独り占めしてしまいます。

このようなヤコブでしたが、彼は後にイスラエルと呼ばれるようになります。そして彼の子孫から、神の選びの民と言われるイスラエル民族が形成されていきます。アブラハム、イサクと引き継がれていった神の祝福は、お兄さんのエサウでなく、ヤコブの方に流れて行きます。

ここで一つの疑問が生まれます。「どうしてヤコブなのか」という疑問です。ずるがしこく、自己中心的にも見えるヤコブが、どうして神の祝福にあずかることになるのか、首をかしげたくなる人もあることでしょう。聖書を調べるとき、三つの面を考えることができるでしょう。

一、神の一方的な選び

第一のことは、神の一方的な選びということです。兄弟がお母さんであるリベカの胎内で押し合う中、神が彼女に語られた言葉があります。

「二つの国民があなたの胎内にあり、二つの民があなたの腹から別れて出る。一つの民は他の民よりも強く、兄は弟に仕えるであろう」。（創世記二五・二三）

この時、エサウもヤコブもまだ生まれてきていないのですから、エサウの何かが悪く、ヤコブの何かがよいという以前のことです。この時既に、神様は弟ヤコブが祝福を受けるようになることを語られました。

このことから分かるのは、神の特別な祝福があるのは、祝福を受ける側にそれだけの理由があってというよりも、まずは神からの一方的な選びによるということです。これは、私たちが神からの祝福を受けたと感じたときには、よく思い起こすべきことかもしれません。そうでないと、「自分には神様からの特別な祝福を受けるだけの理由がある」と考えて、高慢になってしまうかもしれません。神様は恵み深いお方であるので、時には、まるで祝福を受けるにふさわしくないように思える人にさえ、特別な顧みを与え、祝福を与えられる……それ程神は恵み深い方だということです。

このことについては、後の時代の使徒パウロも次のように書いています。「そればかりではなく、ひとりの人、すなわち、わたしたちの父祖イサクによって受胎したリベカの場合も、また同様である。まだ子供らが生れもせず、善も悪もしない先に、神の選びの計画が、わざによらず、召したかたによって行われるために、『兄は弟に仕えるであろう』と、彼女に仰せられたのである」(ローマ九・一〇―一二)。

おそらく、ヤコブ自身、自分の生涯を振り返ってみたとき、「どうして自分のような者が神の祝福にあずかることができたのか」と思ったのではないでしょうか。そして、その答えとしては、神の一方的な選びとしか答えることができなかったのではないでしょうか。

実は、信仰者は皆、ヤコブと同じ面を持っています。「どうしてヤコブなのか」という問いを、「どうして私なのか」という問いに変えてみてはどうでしょうか。人格的な欠点、行動における過ち、生涯の数々の汚点……それらを考えると、神の祝福にあずかるにふさわしくないと思えてきます。「なぜ自分のような者が」と思えてくるのです。しかし、神様はそのような私たちを、あわれみと恵みにより、選んでくださった、そうとしか言えない……神の祝福にはそのような一面があります。

二、神の祝福を慕い求める心

しかし、欠点の多いヤコブにも、神がお認めになる良い点が少なくとも一つはありました。それは、神の祝福を慕い求める心です。神の祝福を自分のものとするために彼が取った方法は、あまりに人間的であり、決して肯定できるものではなかったでしょう。しかし、別の面から見れば、彼は一途に神の祝福を求める心を持っていた、ということは言えそうです。

一方のエサウは、その点、反対でした。神の祝福をないがしろにしたと言ってもよいでしょう。おなかを空かせて帰ってきた時、ヤコブが一杯のスープと引き換えに長子の特権を譲ってくれるよう要求したところ、エサウは軽々しくもその提案に乗ってしまったのです。事の顛末を記す創世記二五章は、次のように閉じられています。

このようにしてエサウは長子の特権を軽んじた。（創世記二五・三四）

エサウのこのような態度は、新約聖書でも反面教師として取り上げられています。「また、一杯の食のために長子の権利を売ったエサウのように、不品行な俗悪な者にならないようにしなさい」（ヘブル一二・一六）。

私たちは、目に見えるものに捕らわれがちです。毎日の生活の快適さ、富の蓄積や持ち物のすばらしさ、衣食住のあり方に大きな関心を注ぎます。しかし、それらは一時的なものに過ぎません。

他方、霊的な祝福、神様からの祝福は、目に見えない部分が大きく、ある人々はそのようなものに関心を持とうとしません。しかし、実はそこにこそ私たちが最も真剣に求めなければならないものがあります。目に見える地上の富や快楽、一時的な快適さや楽しみを求めることによって、神からの祝福を失うようであってはいけません。

三、神の取り扱い

さて、ヤコブは一方では確かに神の祝福を求める一途さを持っていましたが、他方では人格的には欠点も沢山抱えている人でした。そのようなヤコブを先刻ご承知で特別な祝福を注ぐべき人物としてヤコブを選ばれた神様は、ヤコブの欠点をそのままでは放っておかれませんでした。

次章以降で学びますが、ヤコブは、その生涯の中で神様からの多くの取り扱いを受けます。その中で、彼の人格的な欠けや、信仰的ゆがみが一つひとつ正され、矯正されていくのです。新約聖書に次のように記される通りです。「主は愛する者を訓練し、受けいれるすべての子を、むち打たれるのである」（ヘブル一二・六）。

信仰者は、進歩の余地のないほど完成されたと言える人は誰一人としていません。絶えず、神によって育てられている存在です。信仰者一人ひとりの前に、立札が立てられていると想像してみて下さい。その立札には、「工事中、注意！」と書いてあるはずです。

ヤコブを選ばれた神様は、欠点多い私たちをも選び、祝福を与えてくださったでしょう。しかし、それは、自分のうちにある欠けや不足をそのままでよいとされることではありません。ヤコブのように、その一つひとつを取り扱い、神の特別な祝福を受けるにふさわしく、整え、造り変える神のみわざがあることを覚えましょう。それ自体が、神様から私たちへの最大の祝福なのですから。

◇不思議な位神の祝福を受けている人について見聞きしたことがありますか。
◇ヤコブの長所と短所を挙げてみましょう。
◇今回の学びを通して、あなたが特に心に留めたいと感じたことは何でしょうか。

第15章　石を枕とする時　――ヤコブ②　創世記二八・一〇―二二

ヤコブは兄エサウから長子の特権を譲り受けたのみか、父イサクをだまして祝福の祈りを独り占めにしました。しかし、このことによってヤコブは兄エサウの憎しみを買うことになります。エサウが殺意さえ抱いていることを知ったヤコブは、母リベカの勧めもあり、エサウの怒りが解けるまで、母リベカの故郷に逃れることになります。

ヤコブは、アブラハム、イサクに与えられた神からの祝福の約束を譲り受けたはずでした。しかし、約束の実現からは程遠く、ヤコブは約束の地であるカナンから離れなければなりませんでした。孤独と不安の中にあったヤコブ。しかし、その時は、ヤコブが神の恵みを頂く特別な機会となりました。

一、石を枕とする時

さてヤコブはベエルシバを立って、ハランへ向かったが、一つの所に着いた時、日が暮れたの

で、そこに一夜を過ごし、その所の石を取ってまくらとし、そこに伏して寝た。(創世記二八・一〇、一一)

その場所でヤコブは石を枕として野宿をしようとしました。これは、その時の彼の状況を象徴するかのようでした。

彼は孤独を強く感じたことでしょう。愛する家族から離れ、一人で自分の生涯を切り開いていかなければならない状況に置かれたヤコブは、どれほど心細く感じたことでしょうか。

あるいは、さすがのヤコブも、自分の失敗や過ちに少しは目を向けていたかもしれません。神の祝福を求めるあまりに、兄の心を踏みにじるようなことをしたヤコブは、石を枕としながら、事態の大きさを痛切に感じたに違いありません。

将来に対しては安心をもたらしてくれるものが何もないように見えました。神が約束された地から離れ、石を枕とする自分自身を見ながら、神の約束がどう実現に向かうのか、全く見通せない状況でした。

私たちも、生涯の中でこのような経験を余儀なくされることが時々あります。それはあまり心地よい経験とは思われません。しかし、神様はしばしばそのような中に私たちに近づき、特別な祝福を与えてくださいます。

二、祝福の更新

神は、石を枕として寝たヤコブに、一つの夢を見せられました。

時に彼は夢をみた。一つのはしごが地の上に立っていて、その頂は天に達し、神の使たちがそれを上り下りしているのを見た。（創世記二八・一二）

不思議な情景を夢に見ながら、彼はどんな思いでその情景を見ていたことでしょうか。その時、彼は天からの声を聞きます。

そして主は彼のそばに立って言われた、「わたしはあなたの父アブラハムの神、イサクの神、主である。あなたが伏している地を、あなたと子孫とに与えよう。あなたの子孫は地のちりのように多くなって……」（創世記二八・一三、一四）

それは、神がアブラハム、イサクに与えられた約束の更新であり、再確認でした。将来に対する不安を覚えていたヤコブに、神様は特別な形で約束が変わらないことをお示しになりました。

神からの言葉は次のように結ばれます。

「……わたしはあなたと共にいて、あなたがどこへ行くにもあなたを守り、あなたをこの地に連れ帰るであろう。わたしは決してあなたを捨てず、あなたに語った事を行うであろう」。（創世記二八・一五）

ここには、ヤコブが一番不安に覚えていた点が触れられています。神の約束の地から離れようとするヤコブに対して、「この地に連れ帰る」という約束をなさっておられます。

同時に、見逃せないのは、「わたしはあなたと共にいて」ということです。また、「あなたがどこへ行くにもあなたを守り」、「わたしは決してあなたを捨てず」との言葉です。ここには、ヤコブが行く所どこであっても神の臨在があり、神の守り、顧みがあるとの約束があります。遠い将来の約束もさることながら、そこに至るまで絶えず神が共にいて、守ってくださるとの約束は、何にもまさってヤコブの心を励ましたのではないでしょうか。

神様は、私たちに対しても、将来、天の都に導き入れる約束を与えてくださいます。そこにおいて、私たちのためにどれ程のものが備えられているか、私たちには測り知れません。しかし、将来の約束を信じると共に、そこに至るまでの日々の歩みに神が伴ってくださり、守り続けてくださるという約束を、しっかり心に留めたいものです。

三、記念の石を立てる

眠りから覚めたヤコブは、感動しながら、このように語りました。

「まことに主がこの所におられるのに、わたしは知らなかった」。(創世記二八・一六)

ヤコブはその夜、石を枕としながら、孤独を感じつつ眠りについたはずですが、「主がこの所におられる」ということを知らされたことは、何と言う驚きだったことでしょう。この驚きは、彼の次のような行動を促しました。

ヤコブは朝はやく起きて、まくらとしていた石を取り、それを立てて柱とし、その頂に油を注いで、その所の名をベテルと名づけた。(創世記二八・一八、一九)

「一里塚を立てる」という表現があります。江戸時代、道標として一里ごとに塚が立てられたとこころからの表現です。ヤコブは、夢の中に神からの御声を聞きました。翌朝、彼は枕として寝ていた石を取り、それを柱として立て、その頂に油を注ぎます。まさに記念の一里塚を築きました。

彼はその場所をベテル(「神の家」の意、一七節参照)と名づけます。そして、「この所、この場所で、私は神様にお会いしたのだ」というヤコブの感激が表わされています。「主をわたしの神といたしましょう」と、このお方に生涯お従いしていく決意を表わします(二一節)。

私たちの生涯の中にも、神が特別に近づき、語りかけてくださる時があります。それは当たり前のことではなく、神様からの特別な恵みです。ぜひ記念の一里塚を立て、その恵みを生涯心に覚えながら、この方への感謝と献身をもってお従いして参りましょう。

◇あなたが生涯の中で一番孤独を感じた時はどんな時でしたか。
◇神がヤコブに語りかけた言葉の中には様々な約束が含まれています。どんな約束が含まれているでしょうか。
◇最近、神様からの特別な恵みがあれば、それを書き留めたり、周囲のクリスチャンに分かち合ったりしてみましょう。

第16章　神と戦った人　――ヤコブ③　創世記三二・二二―三二

母リベカの故郷パダンアラムで、ヤコブはリベカの兄ラバンのもとで生活します。約二十年にわたる年月の間に、ラバンの二人の娘を妻とし、十一人の子どもを与えられます。しかし、ラバンはなかなか賢い人であったようで、そこでの生活はラバンのもとでただ働きをするような年月でもありました。

やがてヤコブは家族を連れ、故郷に戻ろうとします。しかし、ヤボク川のほとりまで来たとき、彼はもう一つの大きな課題に直面します。それは、兄エサウが自分をどのように迎えてくれるか、分からないという課題でした。しかも、様子を見るためエサウのもとに使者を遣わしたところ、使者が帰って来て報告したのは、エサウが四百人に及ぶ一群を連れて迎えに向かっているという知らせでした。

エサウの心を和らげ、喜ばせるために、多くの贈り物を準備し、一行を何組にも分けて自分の前を進ませるよう、しもべたちに手配したヤコブでしたが、それでも不安は募る一方です。

彼はその夜起きて、ふたりの妻とふたりのつかえめと十一人の子どもとを連れてヤボクの渡しをわたった。すなわち彼らを導いて川を渡らせ、また彼の持ち物を渡らせた。ヤコブはひとりあとに残ったが、ひとりの人が、夜明けまで彼と組打ちした。(創世記三二・二二―二四)

ヤコブがしもべたちや家族に川を渡らせた後、なお一人残っていたことは、彼の心の怖れがどれほどのものであったかを物語っていました。しかし、彼はその夜、そこで不思議な経験をします。神ご自身が人の姿を取って現われ、ヤコブはこの方と組打ち相撲をします。(ホセア一二・四では、「天の使」と呼ばれています。)これは、彼が神の約束の地に戻り、神の祝福を受け継ぐ生涯を進めていくために、通らなければならない貴重な経験となりました。その経験は、その後の彼の歩みにおいてどんな意味を持ったのでしょうか。

一、イスラエル――神に戦って頂く生涯へ

組打ちはなかなか勝負がつきません。もちろん、神様の側での手加減があったはずですが、ヤコブはなかなかしぶとく戦いを続けます。ヤコブは戦いながら、相手がただの人でなく主の使いであって、

これは神との霊的な格闘であると理解したようです。

主の使いは、いつまでも勝負がつかないので、ヤコブのもものつがいに触ったため、彼のもものつがいが外れます。主の使いは、「夜が明けるからわたしを去らせてください」と言いますが、ヤコブはそれでも答えます。「わたしを祝福してくださらないなら、あなたを去らせません。」この時、その人はヤコブに名を問います。「ヤコブです」と答える彼に、その人は言います。


「あなたはもはや名をヤコブと言わず、イスラエルと言いなさい。あなたが神と人とに、力を争って勝ったからです」。(創世記三二・二八)

こう言って主の使いは、遂にヤコブを祝福しました。

「イスラエル」とは、「神と戦う」という意味です。「あなたが神と人とに、力を争って勝った」と言われました。エサウと争い、ラバンとも争い、最後には神様とも争ったヤコブ。その生涯は、お兄さんのかかとをつかみ、「押しのける者」として生きてきたようなものでしたから(創世記二七・三六)、ヤコブからイスラエルへの名前の変化は、内容的にあまり変わらないようにも思えます。

しかし、イスラエルという名は、「神よ、戦ってください」、「神の戦士」といった意味合いにも受け取ることができます。これまで人間的な策略を用いて、人と戦い、神の祝福を人から奪い取るような生き方をしてきたヤコブは、ここで、人と戦う生き方から、神様を前にし、神様に訴え、神様ご自身から祝福を頂く生き方、いわば自分が戦うのではなく、神に戦って頂く生涯へと切り替えて頂いたと言えそうです。

二、ペニエル——神の顔を見る生涯へ

神からの祝福を頂いたヤコブは、その場所に名前を付けました。

そこでヤコブはその所の名をペニエルと名づけて言った、「わたしは顔と顔をあわせて神を見たが、なお生きている」。（創世記三二・三〇）

ペニエルとは「神の顔」という意味です。神と顔と顔を合わせ、取っ組み合いをしたという経験をしたと気づいたヤコブは、驚きながらその地をペニエルと名づけました。おそらく、彼は生涯、この夜の出来事を忘れなかったでしょう。

しかし、この時の経験は、この時限りのものというわけではありませんでした。恐れの心を抱え、一人夜を過ごした中で、神が自分に近づいてくださり、顔と顔とを向き合わせるようにして向き合っ

てくださったことを、彼は生涯忘れなかったことでしょう。そして、この時から、彼と神様との関わりは少し違ったものとなったことでしょう。

「神の顔」とは、時に聖書の中では神が共にいてくださること、神の臨在を表わすために用いられます(出エジプト三三・一四原文)。この時から、彼は、「神が共にいてくださる」と、神の臨在を意識しながら生きたことでしょう。日には見えなくても、いつも彼のほうに顔を向け、彼のことを顧み、守り、導いてくださる神様を見上げながら生きる生涯……それがこのペニエルから始まっていきました。

三、不自由な足――弱さを自覚しつつ生きる生涯へ

ヤボクの渡しでの出来事は、次のような記述で締めくくられています。

こうして彼がペニエルを過ぎる時、日は彼の上にのぼったが、彼はそのもものゆえに歩くのが不自由になっていた。(創世記三二・三一)

彼はその時以来、足が不白由な身となりました。そのために、「イスラエルの子らは今日まで、もものつがいの上にある腰の筋を食べない」と言います(創世記三二・三二)。それまでは、自分が行き

たいところにどんどん突き進む生涯でしたが、足の不自由さを抱えた今、以前のように自由に行動することは難しくなったかもしれません。しかし、それもまた彼にとっては貴重な経験となったのではないでしょうか。自分の弱さを自覚しつつ、神の許しの範囲内で生きる、神がよしとされた道を信仰によって進む生涯……それまでの生き方とはずいぶん違った生涯への第一歩となりました。

なお、この後、エサウとの再会を果たしたヤコブは、意外にもエサウから快く受け入れられ、無事故郷の地に戻ることができました。

その後、神様は約束通り、彼の子孫を祝福し、そこから一つの民族、「イスラエル」の民が形成されていきます。それは神が特別な祝福に与からせようと導かれる特別な民となっていきます。しかし、それは人間的な力で獲得されたものでなく、神の恵みによって与えられた祝福でした。ヤコブは、その夜、ヤボクの渡しでこのような経験をさせて頂きながら、神の祝福に与かるにふさわしいものへと形作られていきました。

◇神様と押し問答、あるいは押し相撲をするようにして祈った経験がありますか。
◇ヤコブは神様との組打ちに勝ったのでしょうか、負けたのでしょうか。（ホセア一二・三、四も参照。）
◇人との関係で悩んでいることがあれば、神の前に持ち出して祈りましょう。

第17章　神は良きに変らせて　――ヨセフ　創世記五〇・一五―二六

約束の地に帰って来たヤコブとその家族は、しかし、やがてエジプトに住まうことになります。これは、かつて神がアブラハムに告げておられたことでした。「あなたの子孫は他の国に旅びととなって、その人々に仕え、その人々は彼らを四百年の間、悩ますでしょう。（略）その後かれらは多くの財産を携えて出て来るでしょう」（創世記一五・一三、一四）。すなわち、ヤコブ（イスラエル）の子孫が一民族となるのは、エジプトの地においてでした。

この不思議な神のご計画が進められていくためには、多くの出来事がありましたが、その中心にいたのはヤコブ最愛の子、ヨセフでした。彼はそのために大変辛い経験をさせられましたが、その一つひとつを通して神の不思議な計画が進められていきます。

一、良きに変えられた兄弟たちの悪

父ヤコブが死んだとき、ヨセフの兄弟たちが語り合ったことがあります。

「ヨセフはことによるとわれわれを憎んで、われわれが彼にしたすべての悪に、仕返しするに違いない」。(創世記五〇・一五)

ヨセフだけでなくその兄弟たちにとっても、忘れられない一つのことがありました。それは、兄弟たちがヨセフに対して行なった「すべての悪」についての思い出でした。

兄弟たちは、ヨセフが父ヤコブから愛されていることを感じていました。それは、彼らのねたみを呼び起さずにはおかない程の偏愛であったと言えます。加えて、ヨセフは神から不思議な夢を見せられました。その夢は、やがて兄弟たちがヨセフの前にひざまずくことを示唆する夢でした。得意そうに夢の内容を語るヨセフに、彼らの憎しみは募りました。

ある日、機会を捉えて彼らはヨセフをつかまえ、穴に投げ入れた後、丁度通りかかった隊商にヨセフを売ってしまいます。この商人たちがヨセフをエジプトに連れて行ったのです。

彼らがしたのは確かにひどい悪でした。彼らもそのことを自覚し、後にヨセフと再会を果たした際、ヨセフに赦しを請うことになります。一旦は赦されたものの、父ヤコブに免じてのことと思われたのでしょうか。ヤコブの死に際して、兄弟たちは改めてヨセフに赦しを乞う必要を覚えたようです。

しかし、兄弟たちの言葉を聞いたヨセフは、涙ながらに次のように答えました。

恐れることはいりません。わたしが神に代ることができましょうか。あなたがたはわたしに対して悪をたくらんだが、神はそれを良きに変らせて、今日のように多くの民を救おうと計らわれました。（創世記五〇・一九、二〇）

兄弟たちのした行いは悪いことでしたが、「神はそれを良きに変らせて」くださったと、ヨセフは言いました。そこにはどんな神の計画があったでしょうか。

二、神のご計画

①　ヨセフへの神の守りと祝福

まず、エジプトでヨセフは神の豊かな守りと祝福を受けました。ヨセフを買い取った隊商たちは、エジプトで王パロ（ファラオ）の役人ポテパルにヨセフを売ります。ヨセフは、彼の奴隷として仕える身となりましたが、神が共におられたので、彼は主人からの信頼を得、栄えていきます（創世記三九・三）。その後、誤解によって獄に閉じ込められますが、そこでも獄屋番に信頼され、色々なことを任せられるに至ります。

主はヨセフと共におられて彼にいつくしみを垂れ、獄屋番の恵みをうけさせられた。（創世記三九・二一）

境遇だけを見れば、何の希望も持てないように思えたことでしょう。しかし、ヨセフには神様がついていました。神が共にいて下さいました。その結果として、状況を超えた祝福が神によって備えられていきました。

② 多くの民の救い

ポテパルの家の獄で囚人として過ごしていたヨセフは、ある日、エジプトの王パロの夢を解いたことをきっかけとして、遂にはエジプト全国のつかさとなります。しかも、その夢を通して大規模な飢饉の到来を知ったヨセフは、豊作が続く間に大量の食糧を貯えさせ、飢饉に備えます。やがて飢饉が始まったとき、エジプトの王のもとに蓄えられた食料を求めて、エジプトばかりか、周辺の地から多くの人々が詰めかけます。そのような中に、ヤコブや息子たちもやってくるのです。かつてヨセフが見たように、兄弟たちはヨセフの前にひざまずくことになります。しかし、兄弟たちと再会したヨセフは、彼らを赦し、受け入れ、エジプトの地に住まわせます。
父の死後、改めて赦しを求める兄弟たちに対して、ヨセフが語ったのは、神が彼らの悪を良きに変らせてくださったこと、それによって、多くの民を救おうと計らわれたということでした（創世記五〇・二〇）。ヤコブやその兄弟たちを救うだけなく、「多くの民を救おう」とする神の計画がそこにはありました。

③　品性の変革

ここで、見逃すことのできないもう一つのことがあります。それは、品性の変革ということです。これら一連の経緯の中で、ヨセフも、兄弟たちも、あるいは父ヤコブも、相当に苦しんだことでしょう。しかし、その中で彼らの品性が練られ、きよめられ、造り変えられていることに注目することができます。

彼は彼らを慰めて、親切に語った。（創世記五〇・二一）

赦しを乞う兄弟たちに対してヨセフが示した態度は、かつてのヨセフの態度に比べて何という変化でしょうか。十七歳の彼が夢を見た時、彼は得意そうに兄弟たちに夢の話をしました。それは人の心を考えない、無遠慮な振る舞いだったと言えます。しかし、この時のヨセフは、理不尽な兄弟たちの仕打ちを赦し、親切に語ることができる人物に成長していました。

この間に、ヨセフの兄弟たちも悔い改めに導かれました（創世記四二・二一）。恐らく、父ヤコブもヨセフを偏愛していたことを自覚し、悔い改めの機会を得たのではないでしょうか。苦しく辛い年月を経た後に、彼らは自分たちも気づかない内に、品性の欠けや歪みを取り扱われ、成熟へと導かれていました。

④　エジプトへ

このような経緯の中でイスラエルの民はエジプトに増え広がります。それは、かつて神様がアブラハムに告げた通りでした。もちろん、神の計画はそこで終わりません。ヨセフはその生涯を終えるに当たり、兄弟たちに向かって言います。「神は必ずあなたがたを顧みて、この国から連れ出し、アブラハム、イサク、ヤコブに誓われた地に導き上られるでしょう」（創世記五〇・二四）。エジプトで増え広がったイスラエルの民は、やがて約束に地に移り住むことになります。

神の計画の中で、これらすべてのことが起こりました。私たちの思いを越えた神の計画のゆえに、神をほめたたえましょう。

◇ 忘れることのできない辛い経験がありますか。

◇ エジプトに来たとき、ヨセフは兄弟たちを赦したはずですが、父ヤコブが死んだとき、なぜ兄弟たちはヨセフが仕返しをすると考えたのでしょうか。

◇ よくないと思えることを神様が「良きに変らせて」くださったと思えることがあれば分かち合いましょう。

第18章　遣わす神、遣わされる人　――モーセ①　出エジプト記二・二三―三・一二

エジプトの地で増え広がったヤコブ（イスラエル）の子孫は、エジプトの王、パロにとって脅威と映りました。過酷な労役が課せられ、苦しみうめくイスラエル。その叫びは神様に届き、神様は彼らをエジプトから脱出させる計画を立てられます。そして、このための指導者として立てられ遣わされたのが、モーセでした。ここに、大切な働きのために人を遣わそうとされる神様の姿と、神様の御旨に従い、遣わされる者の姿を見ることができます。

一、遣わす神

ご自分の働きのためにモーセを遣わされた神様は、どのような方だったでしょうか。

①祈りを聞かれる神

イスラエルの人々は、その苦役の務のゆえにうめき、また叫んだが、その苦役のゆえの叫びは神に届いた。（出エジプト二・二三）

「エジプトびとはイスラエルの人々をきびしく使い、つらい務をもってその生活を苦しめた。すなわち、しっくいこね、れんが作り、および田畑のあらゆる務に当らせたが、そのすべての労役はきびしかった」とあります（出エジプト一・一三、一四）。厳しい苦役の中で、彼らはうめきました。そして、その顔を天に向け、叫びました。その叫びは確かに天まで届きました。

今も、地上の有様に目を向ければ、そこには人々の声にならない叫びが満ちているのではないでしょうか。経済的、物質的な苦しみもあるでしょう。精神的に疲れていたり、孤独を覚えたりする者もあるでしょう。生きる目的や自分自身の存在価値を見失いつつある者……。神様はこれらの叫びに確かに耳を傾けておられます。そして彼らのために働く者を遣わしてくださいます。

②約束を覚える神

「神は彼らのうめきを聞き、神はアブラハム、イサク、ヤコブとの契約を覚え、神はイスラエルの人々を顧み、神は彼らをしろしめされた」（出エジプト二・二四、二五）。イスラエルの民の叫びが頂点に達しつつあった時……それは、かつて、神様がアブラハムに約束されたことを実行に移される時でもありました（創世記一五・一三、一四）。世代は変わり、多くの年月が流れ、イスラエルの民も神様の約束を覚える者は数少なくなっていたことでしょう。しかし、神様はご自分が彼らに与えた約束をお忘れにならず、約束の時が到来したとき、行動を起こされました。

③聖なる臨在をもってご自分を現される神

神様は、民の指導者となるべきモーセを遣わされるにあたり、まずご自分を彼に示されました。モーセは当時、羊の群れを飼っていましたが、その群れを導く内に、「神の山ホレブ」、すなわちシナイ山にやってきました。

> ときに主の使は、しばの中の炎のうちに彼に現れた。彼が見ると、しばは火に燃えているのに、そのしばはなくならなかった。（出エジプト三・二）

神様は、しばしば民に対して、生けるご自身の姿を示されます。聖なる臨在の中に、御声を聞かせ、ご自分の働きのために人々をお召しになります。

あっという間に燃え尽きそうなしばがいつまでも燃え続けている様子を見て、モーセは言いました。「行ってこの大きな見ものを見、なぜしばが燃えてしまわないかを知ろう」（出エジプト三・三）。もし神がわたしたちにも近づき、ご自身を示そうとしておられるのであれば、私たちもこのお方の前に近づき、何を語ってくださるのか、耳を傾ける必要があります。

二、遣わされる人

さて、イスラエルの民をエジプトから導き出す大きな働きのために遣わされようとしていたのは、モーセという人物でした。彼はどのようにしてこの働きに遣わされたのでしょうか。

①聖なる臨在の前にひざまずいた

燃えるしばに近づくモーセに、神は語りかけます。「モーセよ、モーセよ」と。そして、言われます。

ここに近づいてはいけない。足からくつを脱ぎなさい。あなたが立っているその場所は聖なる地だからである（出エジプト三・五）

モーセは、神様を見ることを恐れ、顔を隠します。恐らくは、語られたように足から靴を脱ぎ、その地にひれ伏したに違いありません。「靴を脱ぐ」とは、自分に関する一切の権利を脱ぎ去り、明け渡すことを意味します。日本語で言えば、「下駄を預ける」といった表現に近いかもしれません。

ここには、聖なる神の臨在の前にひざまずく者の姿があります。生ける神様がご自分を現し、私たちを尊い働きに遣わそうとしていてくださるのであれば、私たちもまた同じようにすべきではないでしょうか。

②自分の無力を知っていた

ひざまずくモーセに、神は語られます。「さあ、わたしは、あなたをパロにつかわして、わたしの民、イスラエルの人々をエジプトから導き出させよう」（出エジプト三・一〇）。ところが、モーセはこう答えます。「わたしは、いったい何者でしょう。わたしがパロのところへ行って、イスラエルの人々をエジプトから導き出すのでしょうか」（出エジプト三・一一）。

実は、モーセはかつて自分にはイスラエルの民を救う力があると考えたことがありました。しかし、その時の行動は無残な失敗に終わりました。彼はこの時、神からの召しを頂いても、自分にはその召しに答える力のないことを告白しました。しかし、このことは神様にとってむしろ喜ばしいことでした。神様の働きを自分の知恵や力で進めようとするのでなく、神の知恵と力で進めようとする者を神様は求めておられるからです。

③神の同行を確認した

モーセの言葉に対して、神様はもう一つのことを語られました。「わたしは必ずあなたと共にいる。これが、わたしのあなたをつかわしたしるしである」（出エジプト三・一二）。このように言われても、すぐには神の召しに応えることができず、あれやこれやと言い続けるモーセでしたが、忍耐深く導かれる神の御声に、押し出されるようにして彼は立ち上がりました。「自分にはできない、しかし、このお方が共にいましてくださるのであれば……」。これが彼の立脚点でした。

神様は私たちにも同じように語ってくださり、今必要とされる働きに遣わしてくださいます。伴ってくださるお方を見上げつつ、立ち上がりましょう。

◇神の聖なる臨在を覚えたことがありますか。
◇神が今聞いておられる地上の叫びには、どんなものがあると思いますか。
◇神様は今、あなたをどのような働きに遣わし、用いようとされていると思いますか。

第19章　記念すべき出エジプト　――モーセ②　出エジプト記一二・一―一四

神がアブラハムに約束されたように、イスラエルの民がエジプトから旅立つ時が近づいていました。神様はエジプトの王パロのもとにモーセを遣わし、イスラエルの民を解放するよう要求させます。しかし、パロはその要求を受け入れようとはしません。その結果、エジプトの内に次々に災いが起こります。次第にその影響は国内に大きくなりますが、パロはなお心を頑なにします。最後に、十番目の災いとして、恐ろしい災いが引き起こされることになります。この出来事の中で、遂にイスラエルの民はエジプトを脱出し、約束の地に向かいます。この日の出来事を記念として、イスラエルの民は毎年同じ時期に「過ぎ越しの祭り」を行うことになります。今日の箇所は、実際に民がエジプトを旅立つ直前に、神が「過ぎ越しの祭り」の祝い方を教えておられる箇所です。

この日はあなたがたに記念となり、あなたがたは主の祭としてこれを守り、代々、永久の定めとしてこれを守らなければならない。（出エジプト一二・一四）

これ以来、イスラエルの民は年ごとにこの祭りを記念として行うこととなります。実は、それから千数百年後、ある過ぎ越しの祭りで、イエス・キリストは弟子たちと過ぎ越しの食事をしながら、弟子たちに対して、「わたしを記念するため、このように行いなさい」と言われました（Iコリント一一・二四、二五）。この時の食事会は、後に最後の晩餐として知られるようになります。なぜなら、その日の夕方、キリストは捕えられ、翌日、十字架に死なれるからです。この時以来、キリスト者は、これを記念し、聖餐式を行うこととなります。イスラエルの民が出エジプトの過ぎ越しの食事を記念して祭りを行なったように、キリスト者はキリストの十字架の死を記念して、聖餐式を行ないます。過ぎ越しの祭りに関する教えを見ながら、私たちがどのようにキリストの死を記念し、覚えるべきかを考えてみましょう。

一、正月としなさい

この月をあなたがたの初めの月とし、これを年の正月としなさい。（出エジプト一二・二）

出エジプトの出来事は、イスラエルの民にとって、民族の出発点となる出来事でした。いわば、イスラエルの民の歴史は、ここから始まったと言うことも出来るでしょう。神はこの記念すべき出来事が起こった月を、「あなたがたの初めの月」、「年の正月」とするよう命じられました。

キリスト者にとって、イエス・キリストの十字架を仰ぎ、その死と復活によって、罪と死の支配から救われ、神の子としての歩みが始まったことは、生涯の新しい出発と言えます。「だれでもキリストにあるならば、その人は新しく造られた者である。古いものは過ぎ去った、見よ、すべてが新しくなったのである」と言われるように、それはイエス・キリストによる新創造のみわざにあずかった出来事であると言えます（第二コリント五・一七）。

イスラエルの民が、その日を民族としての出発点と考えたように、キリスト者にとってキリストの十字架の死と復活により、罪赦され、新しくされた出来事は、キリスト者としての出発点に他なりません。イスラエルの民が過ぎ越しの食事を通して、いつもその日を記念したように、キリスト者は聖餐式を通して、毎回キリストによる救いの恵みを覚え、信仰者としての原点を確認することができます。

二、腰を引きからげ

過ぎ越しの食事の規定の中には、面白いものもあります。

あなたがたは、こうして、それを食べなければならない。すなわち腰を引きからげ、足にくつをはき、手につえを取って、急いでそれを食べなければならない。（出エジプト一二・一一）

イスラエルの民にとって、この日の出来事は、民族の出発点として記念すべきものでしたが、同時に、恐るべきことが起こった日でもありました。

その夜わたしはエジプトの国を巡って、エジプトの国における人と獣との、すべてのういごを打ち、またエジプトのすべての神々に審判を行うであろう。（出エジプト一二・一二）

モーセをとおして、神はエジプトの王パロに対して、度々の促しと警告をします。エジプトの国に災いが次々に起こりますが、それでもイスラエルの民を手放そうとはしません。パロがモーセを通しての最後通告を無視したとき、神はエジプト中のういごを一夜にして撃つという裁きを行われます。この悲劇的出来事が起こった夜、エジプト中に嘆きと叫びが満ち、騒然とする中で、イスラエルの民は慌ただしくエジプトを旅立ちます。それは、緊急の出来事であり、一刻の猶予もならない状況でした。

神様はこのような中で出エジプトの出来事が起こったことを記念するため、「腰を引きからげ、足にくつをはき、手につえを取って、急いで」と教えられました。イスラエルの民は、過ぎ越しの祭りでそのように行いながら、出エジプトの出来事がどんな恐ろしい状況下で起こったかを思い起こすことができたでしょう。

キリスト者がキリストの十字架の死、復活によって救われたということには、緊急性がありました。イスラエルの民がパロのもとで苦しんでいたように、私たちも罪と死、サタンの支配下にあって苦しんでいました。イスラエルの民が神の大きな御手によってパロから解放され、出エジプトの恵みに与ったように、キリスト者は罪と死の支配から解放され、神の子とされる恵みに与りました。これがいかに大きな神からの恵みであるか、繰り返し、確認して参りましょう。

三、血がしるしとなる

その血はあなたがたのおる家々で、あなたがたのために、しるしとなり、わたしはその血を見て、あなたがたの所を過ぎ越すであろう。わたしがエジプトの国を撃つ時、災いが臨んで、あなたがたを滅ぼすことはないであろう。（出エジプト一二・一三）

さて、その夜、神はエジプト中のういごを撃たれましたが、イスラエルの民の家のういごは恐ろしい悲劇から免れました。そのためのしるしとなったのが、かもいと入り口の二つの柱につけられた小羊の血でした。神様はその血を見て、彼らの家を通り過ぎていかれました。このことを記念して、毎年の過ぎ越しの祭りでも、同様にすることが命じられました（出エジプト一二・七）。こうして、祭りの度ごと、家々に塗られる小羊の血は、出エジプトの出来事のしるしともなりました。

しかし、イエス・キリストが十字架で死なれたとき、流された血は、キリスト者にとって単なる救いのしるしではなく、救いの根拠とも言えるでしょう。「血を流すことなしには、罪のゆるしはあり得ない」からです（ヘブル九・二二）

キリスト者はこの恵みの上に立つ者です。何度でもこの原点に立ち返りながら、救い主なる神を賛美しつつ、歩んで参りましょう。

◇キリストによる救いを頂きましたか。それはいつ頃ですか。

◇過ぎ越しの祭りの諸規定の中に、どんな意味合いを見出すことができますか（出エジプト一二・三―一一）。

◇救いの恵みの原点を確認するとき、どんな思いがしますか。

第20章　民を救い出す神

――モーセ③　出エジプト記一四・一〇―二九

出エジプトの出来事は、イスラエルの民にとって民族としての出発点であり、記念すべき救いの日でした。しかし、最も大切なことは、そこから彼らは「神の民」としての歩みを始めたということでしょう。出エジプトは、イスラエルの民が神を知り始めた日でもありました。

特に、イスラエルの人々の記憶に深く残ったのは、海を渡った出来事でしょう。一旦は、エジプトから出て行くようにと言い渡したパロが、イスラエルの民の解放を悔やみ、戦車隊を率いて彼らを追ってきます。エジプト人が近づくのを見た民は、恐怖の叫びを上げます。後ろはエジプト人、前は海という、絶体絶命の危機の中で、神はご自分の姿をイスラエルの民に明確に表されました。そこで表された神様の姿は、どのようなものだったのでしょうか。

一、真に仕えるべき神

神によってエジプトに十の災いが起こされるのを見て来たはずのイスラエルの民でしたが、差し迫った危機に直面して、神を信頼することができませんでした。指導者モーセに向かって、次のようなつぶやきを口にします。

荒野で死ぬよりもエジプトびとに仕える方が、わたしたちにはよかったのです（出エジプト一四・一二）

これは、不信仰故のつぶやきに過ぎませんでした。しかし、出エジプトがどのようなことなのか、真理の一片を表わす言葉でもありました。すなわち、出エジプトの出来事は、仕えるべき王が変わることを意味していました。

エジプトにあって、彼らはパロに仕え、エジプト人の奴隷として彼らに仕えていました。パロの元での生活は厳しく、辛いものでした。しかし、出エジプトによって、神様はイスラエルの民をパロから解放し、新しく神ご自身に仕えるようにと招かれました。

モーセがパロに遣わされる際、パロに告げるよう命じられた言葉は、次のようなものでした。「あなたはパロに言いなさい、『主はこう仰せられる。イスラエルはわたしの子、わたしの長子である。わたしはあなたに言う。わたしの子を去らせて、わたしに仕えさせなさい。』」（出エジプト四・二二、二三）

奴隷としてではなく神の子として、愛をもって神に仕えるべく彼らは招かれたのでした。

神の子として救われるまでは、私たちも、神に仕えることを知らない者であったことでしょう。自分の思うままに生き、自由に生きているように思っていたかもしれません。しかし、その実、「先には自分の罪過と罪とによって死んでいた者であって、かつてはそれらの中で、この世のならわしに従い、空中の権をもつ君、すなわち、不従順の子らの中に今も働いている霊に従って、歩いていた」者でした（エペソ二・一、二）。いわば、罪の奴隷、世と悪魔の奴隷になっていた者でしたが、神様はそのような中から私たちを救い出し、私たちが真に仕えるべき方、神ご自身のもとに招かれました。

二、民を救い出す神

「こんなことなら、エジプトびとに仕える方がよかった」と言い出す民に対して、モーセは言います。

あなたがたは恐れてはならない。かたく立って、主がきょう、あなたがたのためになされる救

を見なさい。(出エジプト一四・一三)

後ろはエジプト人、前は海という、絶体絶命の状況の中で、モーセは神が自分たちを救われるのだと告げます。旧約聖書中、最も広く知られた場面の一つですが、モーセが手を海に差し伸べると、海の水は彼らの右と左に分かれ、海の中にかわいた地が現れ、彼らは海の中を前に進みます。こうして、イスラエルの民の歴史は、海を渡るところから始まります。このことは、イスラエルの民の歴史の中で、幾度も思い返され、その度に神への感謝と賛美を新しく呼び起すことになります。

後に、使徒パウロは、イスラエルの民が海を渡った出来事を、信仰者がキリストによって新しく神の子としての歩みを始める際、水の洗礼(バプテスマ)を受けることに比較しました(第一コリント一〇・一、二)。信仰者の歩みもまた、驚くべき神の救いによって始まります。そのことをいつも思い返しながら、神への感謝と賛美をいつも新しくして頂きましょう。

三、臨在の神

さて、神様がイスラエルの民を救い、海を渡らせるに当たり、神は特別な形でご自身を現されました。海を渡らせる直前、エジプトの軍勢が近づく時には、次のようなことが起こりました。

このとき、イスラエルの部隊の前に行く神の使は移って彼らのうしろに行った。雲の柱も彼らの前から移って彼らのうしろに立ち、エジプトびとの部隊とイスラエルびとの部隊との間にきたので、そこに雲とやみがあり夜もすがら、かれとこれと近づくことなく、夜が過ぎた。（出エジプト一四・一九―二〇）

すなわち、エジプト人とイスラエルの民との間に、雲の柱が立ち、両者が近づくことを妨げました。さらに、イスラエルの民が海の中を進むとき、後を追ってエジプト人が海の中に入って来た時も同様でした。「暁のさらに、主は火と雲の柱のうちからエジプトびとの軍勢を見おろして、エジプトびとの軍勢を乱し、その戦車の輪をきしらせて、進むのに重くされた……」（出エジプト一四・二四、二五）。海を渡ったのは夜の出来事でしたので、明るく照らすためでもあったでしょう、「火と雲の柱」として、神様はイスラエルの民の前に現れ、彼らを守られました。

この出来事は、その時限りのことではなく、実は、エジプト脱出直後からのことでした。

主は彼らの前に行かれ、昼は雲の柱をもって彼らを導き、夜は火の柱をもって彼らを照し、昼も夜も彼らを進み行かせられた。昼は雲の柱、夜は火の柱が、民の前から離れなかった。（出

エジプト一三・二一、二二）

すなわち、エジプト脱出直後から海を渡る途中、またその後、荒野の旅を進める間も、神様はイスラエルの人々の前に、昼は雲の柱、夜は火の柱として現れ、彼らを守り、導き続けました（出エジプト四〇・三八）。神は単に危機の時、救い出してくださるだけの方としてではなく、常にご自身の臨在をもって伴われる方でした。

神様は、私たちを、ご自分の民として、また、ご自身の子として招いてくださいます。それは、「困った時（だけ）の神頼み」ではなく、常に伴い、語り、教え、導く方、すなわち臨在の主として、ご自身を見上げるようにとの招きです。この神の招きにお応えして参りましょう。

◇神様を知り始めた頃のことを思い起こすことができますか。

◇詩篇一三六篇を読み、後の時代に、イスラエルの人々が出エジプトの出来事を思い起こしながら、どのように神に感謝し、ほめたたえたか、確認しましょう。

◇今回の学びを通して、神様を特にどのようなお方として知りましたか。

第21章　十戒（その一）　――モーセ④　出エジプト記二〇・一―一一

イスラエルの民は約束の地への旅の途中、シナイ山に来ました。ここで神はモーセを通してイスラエルの人々に十の戒め（十戒）を与えられました。それらは、イスラエルの民に与えられた数々の律法の中でも中心的なものでした。その戒めは二枚の石の板に書き記され、後には「あかしの箱（契約の箱）」と呼ばれる箱に納められ、神を礼拝する幕屋の一番中心に置かれました（出エジプト二五・二一、二二、申命記三一・二六）。言わば、これらの律法を守ることを条件として、神様は彼らの間にご自身を現わし、祝福を与えるという契約がそこで結ばれました（シナイ契約）。

この契約自体は、イスラエルの民がこの契約を破り続けたことにより、新しく更新されていきます。しかし、神の民として生きようとする者が、この十戒に示された精神に従って生きていくことを、神様は今も願っておられます。言わば、民族の如何に関わらず、人間としてのあるべき基本線を示したのが十戒であると言えます。

十の戒めは大きく二つに分けることができます。第一戒から第四戒までは、神との関係についての戒めです。他方、第五戒から第十戒までは、人間との関係についての戒めです。

イエス様はある時、「最も大切な戒めは」と尋ねられたことがありました（マタイ二二・三四―四〇）。その時、イエスは第一の戒めとして、「心をつくし、精神をつくし、思いをつくして、主なるあなたの神を愛せよ」との戒めを挙げられました。第二のものとしては、「自分を愛するようにあなたの隣り人を愛せよ」との戒めを挙げられました（申命記六・五、レビ一九・一八参照）。人間として最も大切なことは、神を愛し、人を愛することだと教えられたのです。

このような点から十戒を見ると、戒めの本質をつかむことができます。十戒の中で第一戒から第四戒までは、「神を愛する」ということを具体的に教えたものと考えることができるでしょう。第五戒から第十戒までは、「隣人を愛する」ということを具体的に教えたものだと受け止めることができます。

今回はまず、神との関係について（第一戒から第四戒まで）学びましょう。

一、まことの神だけを神とする

あなたはわたしのほかに、なにものをも神としてはならない。（出エジプト二〇・三）

第一戒は、まことの神様は唯一の神であるので、ほかのものを神としてはならないということです。これは、「信仰において神様への愛を表現する」戒めと言えます。このことは、神との関係において、最も基本的なことです。

夫婦関係を保つために最も基本的なことは何でしょうか。夫は妻だけを愛し、妻は夫だけを愛するということでしょう。夫が妻以外の女性に心を寄せ、近づいていくなら、その夫婦関係は危機に瀕します。ですから、結婚式は「あなただけを夫（妻）として愛します」という誓いを中心にして行われます。

私たちが、生けるまことの神様を信じようとする時も同様です。「あなただけを神とします」という告白なしに、このお方との関係は始まりません。そして、その誓いを守り続けることが、神様との関係の基本となります。

二、偶像を礼拝しない

あなたは自分のために、刻んだ像を造ってはならない。（中略）それにひれ伏してはならない。それに仕えてはならない。（出エジプト二〇・四、五）

第二戒は、「刻んだ像」に関する戒めです。神様は霊なるお方、目に見える物質的な形を持っておられないお方です。ですから、信仰の対象として刻んだ像（偶像）を造ること、それに礼拝をささげること、仕えることを禁じておられます。

この戒めは、「（宗教的な）行動において神様を愛する」ことを教えています。多神教国家と言われる日本において、家庭や社会の中で、この点での戦いは決して小さくないかもしれません。仏壇や神棚のある家庭では、なにがしかの緊張を強いられることもあるでしょう。仏式の葬儀や法事などでもどうしようかと思う場面もあるでしょう。しかし、どんな時にも生けるまことの神様にだけ礼拝をささげ、仕えていくことを大切にしていくならば、それによって私たちがいかに神様を愛しているかを表わすことができます。

三、主の名をみだりに唱えない

あなたは、あなたの神、主の名を、みだりに唱えてはならない。（出エジプト二〇・七）

これは、「言葉において神様を愛する」ことを教える戒めと言えます。私たちの心はよく言葉に表れます。心が間違っていれば言葉にも表れます。心が正しければそれも言葉に表れるのです。

軽率に、冗談半分に、神様の御名を口にしてはなりません。それは、単に言葉だけの問題ではありません。この戒めにおいては、私たちの心の中に、神様に対する敬虔な心、神を畏れ敬う心があるのかということが問われています。

四、主日を聖別する

安息日を覚えて、これを聖とせよ。（出エジプト二〇・八）

これは、一週間に一日を神様を礼拝する特別な日として大切にしなさい、ということです。「安息日」は、イスラエルの民にとっては土曜日でした。彼らは、その日、すべての労働を休み、神様を礼拝する日として聖別しました。これに違反する者は、だれでも殺されなければならないとさえ教えられました（出エジプト三五・二）。

ところが、クリスチャンたちは、神を礼拝する日を日曜日としました。イエス・キリストが十字架にかかり、よみがえられたのが日曜日でした。七週間後、弟子たちに聖霊がくだったのも日曜日でした。そのようなことから、日曜日が主日（主の日）として覚えられ、この日に集まって神を礼拝するようになりました。

この戒めは、「日（時間）の用い方において神を愛する」ことを教える戒めと言えます。一週間のはじめ、まず神様を礼拝します。そのことのために、多くのことが必要です。まず、日曜日に休みが取れる仕事に就く必要があります。既に日曜日仕事が入る職場についているなら、日曜日を休みにして頂くために最善を尽くす必要があります。その他の様々なスケジュールも調整する必要があるでしょう。日曜日の朝、元気に教会に集えるよう、週末から心身を整えていく努力も必要です。私たちは、なぜそうするのでしょうか。神様を愛するからです。神様を礼拝することを大切に思うからです。そのような戦いの中で、私たちがどれほど神様を大切に思っているのかを表わすことができます。十戒の最初に、次のように記されています。

わたしはあなたの神、主であって、あなたをエジプトの地、奴隷の家から導き出した者である。

（出エジプト二〇・二）

神様は、私たちの救い主です。罪の奴隷であった者を、御子イエス様の血によって贖い出してくださいました。そのご愛を覚えるとき、私たちも神への愛を表わさずにはおれないのです。

◇　第一戒から第四戒までで、守るのが難しいと思ったことのある戒めがありますか。

◇　出エジプト二〇・五、六によって、神様と神の民とがどんな関係にあることが分かりますか。

◇　神様への愛を表わすため、今後具体的に心がけたいことは何ですか。

第22章　十戒（その二）　――モーセ⑤　出エジプト記二〇・一―一七

十戒は、神様がイスラエルの民のみならず、全人類に与えられた基本的ルールと言えます。私たちがこのルールを守って生きていくとき、神様を愛し、人々を愛する生き方の土台ができます。これらは、基本であり、土台ですので、この上に私たちはなお積み上げていかなければなりません。しかし、これらの土台が崩れるなら、その上にどれ程のものを積み上げても、それらはもろくも崩れ去ってしまうでしょう。

本章では十戒の後半部分（人間関係のついての戒め）を学びます。

一、父と母を敬え

あなたの父と母を敬え。（出エジプト二〇・一二）

人間が最初に経験する人間関係は、通常、両親との関わりとなるでしょう。ですから、両親との関係は、その人の最も基本となります。両親から温かい愛情を注がれて育つことができた人は幸いです。そのような両親を敬い、大切にして生きることは、その人の人格形成上の基本を作っていきます。いろいろな事情の中で、必ずしも両親から温かい愛情を注がれたと言えない、あるいは思えない場合もあります。そうであっても、戒めは変わりません。両親を含め、人間は皆多くの失敗や過ちを犯す者です。しかし、神様はそのすべてを用いてでも私たちを育ててくださいます。愛なる神様があなたのために備えてくださった両親に対して、いつも愛と尊敬の心をもって見、接することができるように、神の助けを求めましょう。

二、殺してはならない

あなたは殺してはならない。（出エジプト二〇・一三）

この戒めは、人の命に関する戒めです。「どうして人を殺してはいけないのか」という疑問の声が発せられるような現代です。この問いに対しては、人間の存在がどのようなものであるかを知らなければ答えが出ません。聖書によれば、人は神のかたちに創造されたかけがえのない存在です。ですから、その命を最大限大切に扱わなければなりません。人の命を奪うことは、神の定めを破ることであり、重大な罪となります。

もちろん、この戒めを文字通り破ったことのある人はまれでしょうし、そうあるべきです。しかし、この戒めをもう少し広く受け止めるならば、他の人の存在、人格をどのように扱うべきかという問題にもなります。決して、「あんな人いてもいなくてもどうでもいい」と言ってはいけません。あるいは、「あの人さえいなければよいのに」等と考えてはいけないのです。神様が大切に考えておられる一人の人格として、尊重し、愛する必要があります。

三、姦淫してはならない

あなたは姦淫してはならない。（出エジプト二〇・一四）

これは、異性に関する戒めです。人類最初の人間関係は夫婦でした（創世記一・二七等）。そして、この夫婦関係においてのみ「性」が用いられるように、ということが神様の定められたルールでした。「性」がこの枠内で正しく用いられるなら、それは、夫婦の一体性（体だけでなく、心も）を保つ大切なものとして働きます。逆に、この枠を超えて異性との性的な関係を持つことは、明確なルール違反となるのです。

もしこのルールが破られたら何が起こるでしょうか。もし、その罪が正しく清算されないなら、現在、または将来の夫婦関係を大きく傷つけ、破壊するものとなるでしょう。

この戒めは、実際に肉体的な関係に至らずとも、性的な欲望を配偶者以外の異性に向けていくことをも禁じています。イエス・キリストは、「だれでも、情欲をいだいて女を見る者は、心の中ですでに姦淫したのである」と言われました（マタイ五・二八）。この点での違反は、その人の心を汚すばかりか、異性一般に対する人格的な関わりを損なう可能性があります。「性」は夫婦生活のために大切に取っておかれるべきものなのです。

四、盗んではならない

あなたは盗んではならない。（出エジプト二〇・一五）

この戒めは、人の所有に関する戒めです。神様は、人の物質的所有を認めておられます。ですから、人の所有物を勝手に奪い取ることは、神様の定めに対する違反となります。一般的な泥棒だけでなく、万引きや賃金の未払い等も、この戒めに対する違反となるでしょう。

五、偽証してはならない

あなたは隣人について、偽証してはならない。（出エジプト二〇・一六）

この戒めは、人を陥れようとして偽りの証言をすることを禁じるものです。人が人を愛さないで憎しみに燃えるとき、真実を曲げてでもその人に対する悪い評価をもたらそうとすることがあります。裁判の席での偽証にまで至らずとも、感情的な意見の対立がエスカレートして、「事実」の範囲を超えてしまうことがありはしないでしょうか。過度におおげさな表現を用いたり、推測や仮定を確証済みの事実であるかのように論じたりすることがあります。

神様は真実な方です。嘘偽りによって事を進めてはいけません。

六、むさぼってはならない

あなたは隣人の家をむさぼってはならない。（出エジプト二〇・一七）

この戒めは、隣人の妻や所有物に対してねたましい気持ちを持ったり、横取りしようとする邪悪な願いを持ったりしてはならないという戒めです。ですから、姦淫や盗みの罪について言えば、実際にそのような行為に至らずとも、悪しき願いを持つことさえ、神は禁じておられることになります。

「足ることを知る」……すなわち、神様が与えてくださったものを感謝し、今の状態に満足する心は尊いものです（第一テモテ六・六）。神様が定められたルールを守ってこそ、人間の幸せがあります。そのルールを違反したところに、何か自分にとって良いものがあるのではないかと考え、貪欲な願いを持つことは大きな間違いです。むさぼりの罪を警戒しなければなりません（コロサイ三・五）。

これらの戒めによって、私たちの様々な人間関係を点検してみましょう。違反があったなら、その罪を言い表し、御子の贖いによって神様の赦しを頂いてください。そして、神様が備えられた幸いな道を間違いなく歩んで参りましょう。

◇　十戒のいずれかを破って後悔したことがありますか。

◇　マルコ七・一〇―一二、マルコ七・二一、二二、エペソ四・二五の中に、十戒の第五戒から第十戒までに関わる個所があるのを確認しましょう。

◇　既に破ってしまった戒めがあれば悔い改めましょう。守ることが困難な戒めがあれば、神の助けを祈り求めましょう。

第23章　神の臨在同行を求めて　――モーセ⑥　出エジプト記三三・一―一六

シナイ山において、神様はモーセに、十戒の他、イスラエルの民が守るべき様々な戒めを与えられました。さらには、荒野での旅の途中、神様がご自分の臨在を表わすべき場所として幕屋を設けるべきことを示されました。そのような律法の授与が一段落着いた頃、一つの事件が置きました。このことは、イスラエルの民にとって大きな危機をもたらしました。同時に、神が臨在をもって彼らと伴ってくださることのいかに大きな恵みであるかを痛感させられる機会となりました。

「神の民として生きる」ということは、神の臨在の中で生きていく……これ以外ではありえないことを、私たちも学びましょう。

一、悪い知らせ

指導者モーセが山の上で神からの律法を頂いている間、その日数が増すにつれて、山のふもとでは民の間に不安が広がっていました。「モーセはどうなったのだろう」、「これから自分たちはどうなるのだろう」。その様子を見たモーセの兄アロンは、彼らの装飾具に用いられていた金によって子牛を造り、神とすることを提案し、民はそれを実行しました。しかし、これは当然、神の戒めに背くことであり（十戒の第二戒への違反）、神様はモーセに、民を滅ぼすことを告げられます。

モーセの必死のとりなしにより、神様は民を滅ぼすことを思いとどまられると共に、カナンの地に導き入れるとの約束も果たすことを告げられました。しかし、最後に次のように語られました。

あなたがたは、かたくなな民であるから、わたしが道であなたがたを滅ぼすことのないように、あなたがたのうちにあって一緒にはのぼらないであろう（出エジプト三三・三）

「民はこの悪い知らせを聞いて憂い」とあります（出エジプト三三・四）。彼らはこれが「悪い知らせ」だと分かりました。たとえ神様に即座に滅ぼされることから免れ、約束の地に入れられることが保証されたとしても、神様が一緒に行ってくださらない、神の臨在なしに旅を進めていかなければならないということは、彼らにとって「悪い知らせ」でした。

彼らがそのような罪を犯すまで、山の上で神様はモーセに幕屋の造り方を告げておられました。その目的は何だったでしょうか。「彼らにわたしのために聖所を造らせなさい。わたしが彼らのうちに住むためである」（出エジプト二五・八）。「わたしが彼らのうちに住むために、彼らをエジプトの国から導き出した彼らの神、主であることを彼らは知るであろう。わたしは彼らの神、主である。」（出エジプト二九・四六）

神が臨在をもって彼らの中に住み、神様が臨在をもって同行してくださらないのであれば、「神の民」として生きる意味はない……彼らはそのように直観しました。神の臨在……それは「神の民」にとって何ものにも代えがたい必須の恵みであることを彼らは痛感しました。

二、飾りを身から取り去る

民は彼らの悔悛の思いを態度に表しました。「ひとりもその飾りを身に着ける者はなかった」（出エジプト三三・四）。神様もまたモーセを通して彼らに言われました。

ゆえに、今、あなたがたの飾りを身から取り去りなさい。そうすればわたしはあなたがたになすべきことを知るであろう（出エジプト三三・五）

神の前に罪を犯し、神の臨在を失う危機に直面した彼らがまずなすべきことは、「飾りを身から取り去る」ということでした。実は、金の子牛は、彼らが身に着けていた飾りの金が用いられました。きらびやかな衣装飾りに身を包まれている間、彼らは自分たちを誇らしく思ったかもしれません。しかし、そのような思いの中から、金の子牛は現われました。神の臨在よりも、目に見えるものに目を奪われ、心を奪われていたことを悔い改め、身から飾りを取り去って、ただ神の臨在の回復を求める姿を、神様は民に求められました。そして、彼らはその通りに実行し、旅の間中、その姿勢を貫きました。

私たちも、神の臨在を失わせるような罪を犯したことを自覚したなら、真実な悔い改めをもって神の前に出ましょう。誇りとするような一切のものを脱ぎ捨て、神の憐みを待ち望みましょう。

三、神の臨在の恵みを知る人

このような中、モーセはまず仮の幕屋を設け、神様の前に出ようとしました。山上でモーセに語ってくださった神様は、地上でも語ってくださるはずだと考えたのでしょう。幕屋を造り、モーセがその中に入るとどうでしょう。雲の柱が下って幕屋の入り口に立ちました。「そして主はモーセと語られた」とあります（出エジプト三三・九）。次のようにも記されています。

人がその友と語るように、主はモーセと顔を合わせて語られた。（出エジプト三三・一一）

この後、モーセは民のために、臨在の恵みの回復をとりなし願います。執拗とも見えるモーセのとりなしは、自分自身、神の臨在の恵みを知っていたからこそのことでした。神が親しく語ってくださる……「神の民」にとってこれにまさる恵みはないことを彼は知っていました。

四、臨在同行の約束

モーセの切なるとりなしに応え、神様は遂にこのように語られます。

「わたし自身が一緒に行くであろう。そしてあなたに安息を与えるであろう」。（出エジプト三三・一四）

「わたし自身」とは、ヘブル語聖書からの直訳では「わたしの顔」となります。神様が御顔を彼らに向け、モーセが神様と顔と顔とを合わせ語り合ったように、イスラエルの民に親しく語りかけることを続けてくださるとの約束でした。そして、そのことはモーセにとっても民にとっても、安息の源となるであろうことを示されました。

モーセにとって、このことはとても大切なことでした。神からの言葉を確認するかのように言いました。「もしあなた自身が一緒に行かれないならば、わたしたちをここからのぼらせないでください。わたしとあなたの民とが、あなたの前に恵みを得ることは、何によって知られましょう。それはあなたがわたしたちと一緒に行かれて、わたしとあなたの民とが、地の面にある諸民と異なるものになるからではありませんか」（出エジプト三三・一五、一六）。

私が属する教団は、戦後間もなく誕生した教団ですが、創立当初、「わたし自身が一緒に行く」との御言葉を掲げて出発しました。先行き不透明な現代においても、私たちは神の臨在が共にある恵みを確認しつつ、これを置いて「神の民」としての恵みはないことを覚えつつ、さらにこの恵みの中に生きて参りましょう。

◇　神様が共にいてくださらないのではないかと考えたことがありますか。

◇　出エジプト三三・一—四を読んで、神の言葉（一—三節）を聞いた民がそれを「悪い知らせ」（四節）と考えたのはなぜだと思いますか。

◇　神の臨在の中で生きていくために、今自分が心がけるべきことは何だと思いますか。

第24章　信仰による前進　――モーセ⑦　民数記一三・二五―一四・一〇

シナイ山を出発し、イスラエルの民は約束の地、カナンに近づきました。カデシ・バルネア（申命記一・一九）に来たとき、彼らはカナンの地へ偵察隊を遣わしました。これは、神の命令によることでした。

主はモーセに言われた、「人をつかわして、わたしがイスラエルの人々に与えるカナンの地を探らせなさい。（民数記一三・一二）

各部族から一名ずつ、十二名の偵察隊でした。偵察すべきは、その地の民が強いか弱いか、城壁の有無、また、その地が作物をよく産する地であるかどうか等。偵察の目的は、事前に戦いの心備えをさせると共に、神が約束された地が確かに良い地であることを確認することでした。

四〇日間偵察した彼らは、その地が産物豊かな地であることを報告します。ざくろやいちじくなど、彼らは持ち帰った果物を人々に見せました。ひと房のぶどうの枝を切り取り、持ち帰ったのですが、そのためには棒を使って、二人で担がなければならない程でした。カナンの地は、まさに「乳と蜜の流れている地」でした（民数記一三・二七）。

ところが、この偵察は結果的に、民がカナンの地に入ることを妨げてしまいます。民の心をくじき、不信仰と不従順によってカナンの地に向かうことを躊躇させ、神の御怒りを買うことになります。信仰をもって前進すべき所で立ち止まり、エジプトの地に帰ろうとさえします。彼らの失敗を通して、信仰によって前進することの大切さを学びます。

一、民は強く、その町々は堅固

産物の豊かさだけでなく、彼らはもう一つのことを報告しました。

しかし、その地に住む民は強く、その町々は堅固で非常に大きく、わたしたちはそこにアナクの子孫がいるのを見ました。（民数記一三・二八）

彼らは、その地に多くの民族が住んでいること、それぞれの民は強く、町々は堅固であることを報告しました。人々の心は動揺しました。十二名の偵察隊のうち、ヨシュアとカレブは神様の命令に従って、その地を攻め取るべきことを主張しましたが、他の十名は、そのようなことは不可能であると主張しました。人々は声をあげて叫び、またモーセとアロンに向かってつぶやきました。「エジプトにとどまっていた方がよかった」と。

十二名の偵察隊は皆同じものを見たはずですが、ヨシュアとカレブは、「わたしたちは必ず勝つことができます」と、神の約束に信頼して前進しようとしました（民数記一三・三〇）。しかし、あとの十名は敵の強さ、町々の堅固さ等、予想される困難の大きさに目を向けました。

確かに、困難は大きかったでしょう。それを事前に調べ、心備えをすることは必要なことでした。しかし、困難の大きさにだけ目を向け、彼らを導き、その地に導き入れるとの神の約束を忘れてしまったことは、神への不信仰であり、不従順にもつながることでした。

二、自分がいなごのように

彼らがもう一つ目に留めたことがありました。それは、彼ら自身の小ささでした。ヨシュアとカレブを除く偵察隊の十名は、次のように報告しました。

わたしたちはまたそこで、ネピリムから出たアナクの子孫ネピリムを見ました。わたしたちには自分が、いなごのように思われ、また彼らにも、そう見えたに違いありません（民数記一三・三三）

ネピリムと呼ばれる人々は、大変強大な人々であったようです（創世記六・四）。この人々を目にしたとき、彼らは逆に自分たちの小ささを自覚しました。彼らの前では、自分たちが「いなごのように思われ」たのです。これは、彼らの戦意を喪失させることでした。

私たちも、目の前にある困難の大きさに対して、自分が何と小さな者であるかを自覚させられる時があります。能力の上での欠け、経験の不足、性格上の弱さなど、いろいろな出来事を通して具体的に思い知らされることがあります。しかし、そうであっても、もし神様が前進を命じておられるなら、私たちは前進しなければなりません。

自分の小ささ、無力さを知ることは大切です。事実、私たちは神の前に無力な存在だからです。高慢になって、自分が何者かであると考えるよりも、自分の無力さを明確に把握する方がよいでしょう。むしろ自己の無能に徹しつつ、しかし、同時に神の大能により頼んで前進するなら、神ご自身が困難を乗り越える力を与え、前進させてくださいます。

三、乳と蜜の流れる地

十人の偵察者に対して、ヨシュアとカレブは「違った心」を持っていました（民数記一四・二四）。偵察隊の報告を耳にして、困難の大きさを知り、絶望して泣き悲しむ人々に対して、ヨシュアとカレブは次のように主張しました。

わたしたちが行き巡って探った地は非常に良い地です。もし、主が良しとされるならば、わたしたちをその地に導いて行って、それをわたしたちにくださるでしょう。それは乳と蜜の流れている地です。ただ、主にそむいてはなりません。またその地の民を恐れてはなりません。彼らはわたしたちの食い物にすぎません。彼らを守る者は取り除かれます。主がわたしたちと共におられますから、彼らを恐れてはなりません。（民数記一四・七―九）

彼ら二人の目には、神が約束された実り豊かな地がはっきりと映っていました。それは確かに、「乳と蜜の流れる地」でした。確かに困難は大きく、自分たちの力は小さなものであったかもしれません。しかし、彼らの目は、困難な状況や自らの無力さにでなく、大能の神、約束に対して真実に行動してくださる神様に向けられていました。

残念ながら、民の心は不信仰な人々の言葉によって支配され、二人の声は届きませんでした。その結果、神様は彼らに裁きを告げられます。ヨシュアとカレブ以外の二十歳以上の者たちは、皆荒野に倒れること、四十年の間彼らは荒野をさまようこと、約束の地に入るのはヨシュアとカレブ、また子どもたちだけであることを告げられました。

信仰者生涯には、困難に直面することがあります。自己の非力を思い知らされることもあります。しかし、それらだけに目を留め、大能の神に目を向けることを忘れるなら、神の御心の道とは思いつつも、私たちは大胆に前進することができないでしょう。今一度、私たちの歩みを支え、導き、前進させてくださる神様に目を挙げ、信仰による前進を続けさせて頂きましょう。

◇　困難の大きさや、自分の無力さを覚えて、前進を躊躇するようなことがありましたか。

◇　神様は、カレブが「違った心」を持っていると言われました（民数記一四・二四）。他の人々とどういうところが違っていたのでしょうか。

◇　今、神様があなたに対して前進するようにと命じておられる道は、具体的にどういう道だと思いますか。

第25章　神のみわざの継続　——モーセ⑧　申命記三一・一—八

イスラエルの民はヨルダン川を目の前に見ていました。この川の向こうには、これまで民が目指してきた約束の地が待っていました。この時、民を導いてきたモーセは百二十歳でした。彼は年齢を重ねてはいましたが、「目はかすまず、気力は衰えていなかった」ようです（申命記三四・七）。しかし、約束の地に民を導き入れる役割を果たすことは許されませんでした。なぜなら、約束の地を前に彼は生涯を終えてしまうからです。

民にとってモーセがいなくなることほど心細いことはなかったでしょう。しかし、神はイスラエルの民を約束の地に導き入れるに当たり、あえてそのようにされたようです。それは、神のみわざの継続がどのようなものであるかを民に教え、また私たちにも教えるためでした。

一、どんな人にも定められている限界

モーセはイスラエルの民に向かって語りました。

わたしは、きょう、すでに百二十歳になり、もはや出入りすることはできない。また主はわたしに「おまえはこのヨルダンを渡ることはできない」と言われた。（申命記三一・二）

四〇年間、約束の地を目ざして民を導いてきたモーセです。民と共にヨルダン川を渡ってこの地に入ることをいかに望んだことでしょう。しかし、彼は一つの失敗の故に、この地に入ることを許されませんでした（民数記二〇・二―一三）。一度は神にヨルダン川を渡ることを願いましたが、神様はモーセに告げられました。「おまえはもはや足りている。この事については、重ねてわたしに言ってはならない」（申命記三・二六）。

約束の地を目前にしながら、自分が民と共にヨルダン川を渡ることはできないと、モーセはこの時悟っていました。ここでモーセは自分について神が定められたことを受け入れ、踏まえつつ、民に語っています。

神様は様々な指導者を立てて、ご自分のみわざを進められます。しかし、どんなに偉大な指導者であっても、いつまでも民を導くことはできません。永遠に指導者であり続けることは許されません。「ここまでだ」と神様が言われる時がきます。私たちは誰しも、自分自身についてそのことを弁えていなければなりません。また自分以外のどんな偉大な指導者についても、同様であることを知っておく必要があります。永遠に民を導き続けるのは神様だけだからです。

二、後継者の備え

モーセは続いて、このようにも語りました。

また主がかつて言われたように、ヨシュアはあなたを率いて渡るであろう。（申命記三一・三）

モーセはかつて、自分が約束の地に入ることが許されないと知ったとき、すぐ神様に一つのことを願いました。「すべての肉なるものの命の神、主よ、どうぞ、この会衆の上にひとりの人を立て、彼らの前に出入りし、彼らを導き出し、彼らを導き入れる者とし、主の会衆を牧者のない羊のようにしないでください」（民数記二七・一六、一七）。神様はモーセのこの求めに応えて、ヌンの子ヨシュアを後継の指導者として立てるよう命じられました。

ヨシュアは、早くからモーセの従者として仕えていた人物で、指導者モーセの姿をいつも間近に見ていました。カデシ・バルネアの出来事で見たように、彼自身も神への信仰を堅く持っていた人でした。モーセも、ヨシュアが自分の後に立てられることを知り、安心して世を去ることができると考えたことでしょう。

一人ひとりの果たすべき分を定められる神様は、ご自身のみわざの継続のために人を備えてくださる方でもあります。現代の教会も、働き人の不足が指摘される状況が続いていますが、イエス・キリストが弟子たちに教えられたように、「収穫の主に願って、その収穫のために働き人を送り出すように」して頂くべきでしょう。

三、共に行かれる主

さらにモーセは続けて民に語りました。

あなたがたは強く、かつ勇ましくしなければならない。彼らを恐れ、おののいてはならない。あなたの神、主があなたと共に行かれるからである。主は決してあなたを見放さず、またあなたを見捨てられないであろう（申命記三一・六）

約束の地に入るためには、既に十二人の偵察隊を送って彼らも知っているように、その地の民との戦いが必要でしたし、それは容易なことではありませんでした。しかし、モーセは彼らに「恐れ、おののいてはならない」と命じました。それは、「主があなたと共に行かれるから」、「主は決してあなたを見放さず、またあなたを見捨てられない」からでした。

時代が替わり、人が替わっても、主なる神様は変わりません。かつて数多くのみわざをなさった神は、今も生きておられる神様です。悔い改めるべき罪は悔い改め、持つべき信仰をしっかりと持って、みわざの継続のため祈り続けるなら、神様は私たちと共に進んでくださいます。これまで進められてきたみわざを継続させてくださいます。

どんな困難な状況の中にも、共に行かれる神様を見上げることさえできるならば、そのところから神様はみわざを継続してくださいます。

◇ 偉大な指導者がいなくなる時のことを思い、心細く感じたことがありますか。

◇ モーセが後継者ヨシュアに対して語った命令と約束を、民に向かって語った命令と約束とに比べて、共通している内容を挙げてみましょう。（申命記三一・五―八）

◇ 神のみわざの継続のために、特に具体的な課題として祈りたいことは何ですか。

第二部　歴史書

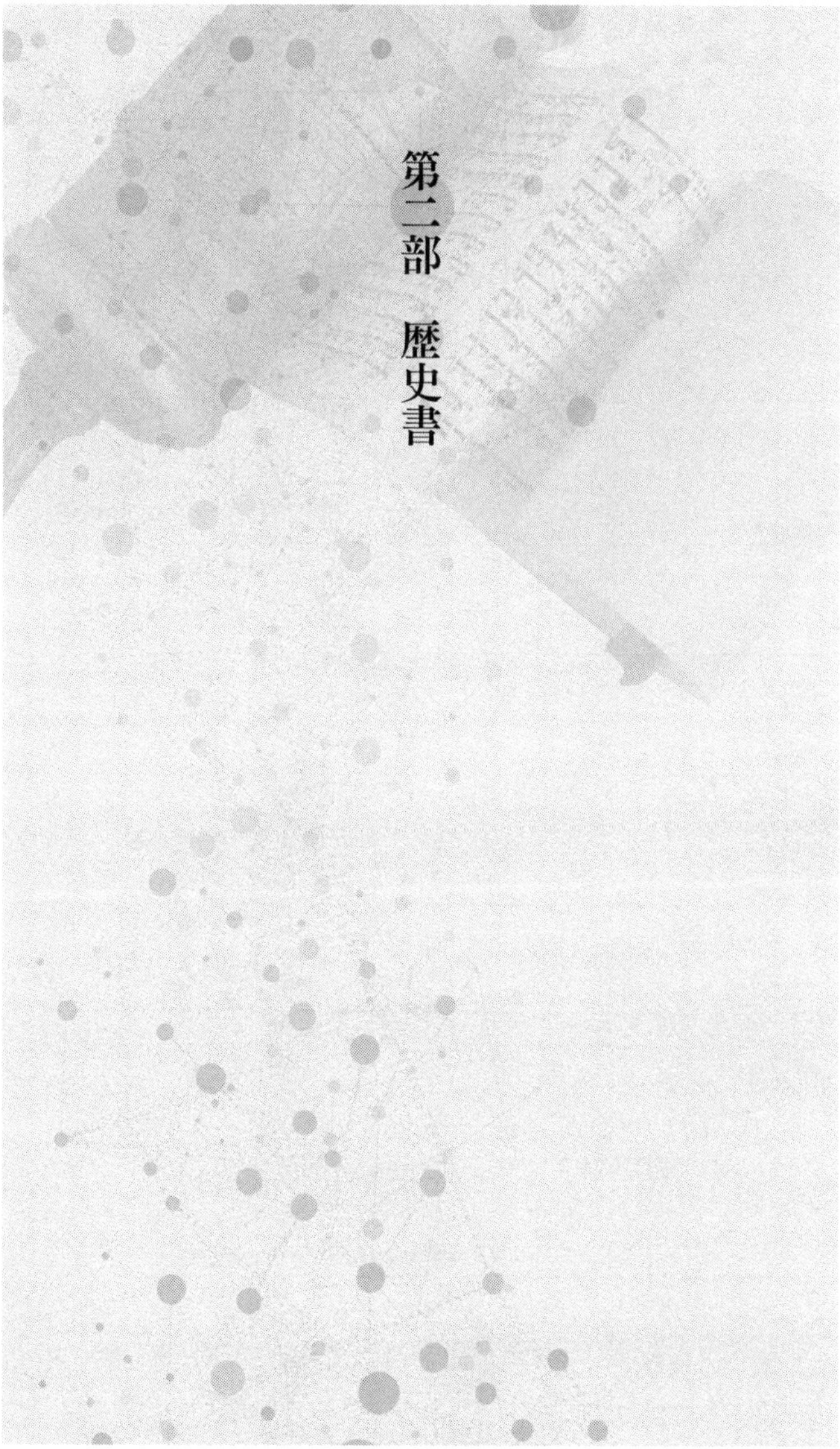

第26章　約束の地の獲得　——ヨシュア①

ヨシュア一・一―九

あなたがたの領域は、荒野からレバノンに及び、また大川ユフラテからヘテびとの全地にわたり、日の入る方の大海に達するであろう。（ヨシュア一・四）

モーセ亡き後、イスラエルの指導者として立てられたのはヨシュアでした。彼に与えられていた役割は、イスラエルの民が実際に約束の地に入り、その地を獲得するため、民を導くというものでした。モーセが死んだ後、神様がヨシュアにまず語られたことも、約束の地の領域がどの範囲のものであるかということでした。その領域の広さは、その時のヨシュアとイスラエルの人々にとって、目も眩むような広さとして感じられたかもしれません。しかし、神様はこのとき、あえて領域の再確認を求められました。

約束の地の獲得は、イスラエルの民に示されたものでしたが、神様は、私たちに対しても、聖書を通して多くの約束を与えておられます。しかし、その約束を知っているということと、その約束を実際に自分のものとするということとは違っています。時には、聖書を通して示されている約束が、自分には縁遠いものと思えたり、高嶺の花のように思えたりするかもしれません。しかし、その約束が私たちに対しても示されているものであるなら、私たちがその約束を自分のものとして受け取り、約束された恵みを実際に自分のものとすることを願っておられます。

ヨシュアに与えられた神の言葉を通して、神様からの約束を自分のものとしていくための秘訣を学びます。

一、立ち上がり、進む

わたしのしもべモーセは死んだ。それゆえ、今あなたと、このすべての民とは、共に立って、このヨルダンを渡り、わたしがイスラエルの人々に与える地に行きなさい。（ヨシュア一・二）

まず、立ち上がらなければなりません。約束が提供されているにもかかわらず、その約束をまだ自分のものとしていないようであれば、現状にとどまっていてはいけません。立ち上がり、前進しなければなりません。たとえ、前方にヨルダン川が横たわり、その先には様々な戦いが待ち受けているとしても、立って、前進しなければなりません。

み言葉の約束と自らの現状とに、隔たりを感じることがあるでしょうか。そのようなとき、「自分には関係がない」、「自分には無理」という言葉で片付けてしまっていないでしょうか。もしそのように考えるなら、私たちは立ち上がることができないでしょう。もし立ち上がらないなら、約束の地に向かって前進し、近づくこともできません。

「立て、さあ行こう」という神のチャレンジに、まずは応答しようではありませんか。

二、勇敢であれ

ヨシュアに対する神の言葉の中で、繰り返されている言葉があります。

強く、また雄々しくあれ。（ヨシュア一・六、九。七節参照）

この言葉は、既にヨシュアに語られてきた言葉です（申命記三一・七、二三）。にも関わらず、ここでも三回繰り返されています。

前進し、戦い、勝ち取っていくためには、弱々しくあっていてはいけません。約束の実現に至るまでには、様々な戦いもあるでしょう。困難も起こってくるでしょう。強く、雄々しくなければなりません。多少のことが起こっても、くじけず、前進を続ける勇敢さを持ちましょう。

三、共におられる神を信じて

しかし、神様が求めておられるのは、決して人間的な強さ、勇気ではありません。信仰による強さ、信仰による勇気です。「強く、また雄々しくあれ」との命令には、次のような約束が伴っています。

わたしは、モーセと共にいたように、あなたと共におるであろう。わたしはあなたを見放すことも、見捨てることもしない。（ヨシュア一・五）

あなたがどこへ行くにも、あなたの神、主が共におられるゆえ、恐れてはならない、おののいてはならない（ヨシュア一・九）

天地の創造者、万軍の主のこのような言葉がどれほどヨシュアを力づけたことでしょう。私たちが前進し、戦うとき、一人で進み、戦うのではないことを覚える必要があります。全知全能の神様、私たちを心から愛していてくださる方が共にいてくださいます。ここに私たちの勇気の出所があります。神様の約束の実現に向かって立ち上がり、前進する勇気も、そこから生まれます。

四、神の言葉の基準に従って

わたしのしもべモーセがあなたに命じた律法をことごとく守って行い、これを離れて右にも左にも曲ってはならない。それはすべてあなたが行くところで、勝利を得るためである。この律法の書をあなたの口から離すことなく、昼も夜もそれを思い、そのうちにしるされていることを、ことごとく守って行わなければならない。そうするならば、あなたの道は栄え、あなたは勝利を得るであろう。（ヨシュア一・七、八）

もう一つの鍵は、やはり神の言葉です。イスラエルの民に対しては、モーセを通して与えられた律法がありました。これを守ることが約束の地を獲得するための鍵となりました。私たちにも、聖書を通して神からの御心が示されています。それらの言葉に忠実に従うことが鍵となります。

約束の実現に至るまでには、多くの試みを受けることがあります。色々の方面からの誘惑を受けることもあるでしょう。そのような時、神の言葉によってまっすぐに進んでいく必要があります。試みを受けるごとに、神の言葉に立ち返らなければなりません。神様が語っておられるところから、右にも左にも逸れてはなりません。

また、聖書を読み、学ぶことが私たちの生活に直結していなければなりません。「昼も夜もそれを思い」とあります。朝夕、静かな所で聖書を開くと共に、忙しく動き回る中にも神の言葉を思い、聴いていかなければなりません。

神の言葉に従うところに勝利があります。信仰者としての栄えがあります。時が来ると、豊かな結実がもたらされるのです（詩篇一・三）。

ヨシュアとイスラエルの民は、神様のチャレンジに応え、立ち上がり、進みました。私たちも神様が招いておられる「約束の地」に向かって、立ち上がり、前進しましょう。

◇聖書に記されている約束が「高嶺の花」であるように感じたことがありますか。それはどんなことですか。
◇ヨシュアに対して語られた神の言葉から、この時のヨシュアの心の中を想像してみましょう。約束の地を前にして、ヨシュアはどんな思いだったでしょう。
◇あなたに対する神様の「約束の地」として、これから祈り求めていきたいことがあるでしょうか。

第27章　約束の地に入る

――ヨシュア②　ヨシュア三・一―一七

いよいよヨルダン川を渡り、約束の地に足を踏み入れる時が来ました。ヨルダン川の水かさが増している時期であり、岸一面に川の水があふれていました。どのようにしてこの川を渡ることができるのか、人々は思案にくれたかもしれません。しかし、神様が民に示された方法は、橋のない所でそのまま川の中に足を踏み入れるというものでした。「主があなたがたのうちに不思議を行われる」と、ヨシュアを通して神が語られたように、不思議な出来事がなされようとしていました（ヨシュア三・五）。約束の地に入る……それは、神様がイスラエルの民に約束されていたことでした。しかし、いざその地に足を踏み入れることは、身震いするようなことだったでしょう。その地には強い民がおり、戦いが待ち受けていると分かっていました。そのような地に入っていくことは、勇気を必要としていました。神様はこの時、彼らを励ますかのように、不思議な方法で彼らを約束の地に導き入れようとしておられました。

私たちの生涯の中でも、これに似た状況に直面することがあります。神に祈り、神様の導きを覚えつつ進んできたかもしれません。しかし、ある所まで来れば、ある一線に立たされます。その先には未知の領域が待っています。その線を踏み越えるなら、後戻りはできません。それでも、神の導きでここまで来たのですから、前進しなければなりません。そのような一線を乗り越えて前進して行くためには、信仰による勇気を必要とします。

神の御心に従って新しい地、約束の地に足を踏み入れるとき、どのようなことに留意すべきでしょうか。ヨルダン川を渡ったイスラエルの人々の姿から学びます。

一、先立つ神を見上げて

レビ人である祭司たちが、あなたがたの神、主の契約の箱をかきあげるのを見るならば、あなたがたはその所を出立して、そのあとに従わなければならない。そうすれば、あなたがたは行くべき道を知ることができるであろう。あなたがたは前にこの道をとおったことがないからである。(ヨシュア三・三、四)

ヨシュアは祭司たちに言った、「契約の箱をかき、民に先立って渡りなさい」。そこで彼らは契約の箱をかき、民に先立って進んだ。(ヨシュア三・六)

最初に神様が命じられたことは、祭司によって契約の箱をかつがせ、民の先頭に立たせることでした。イスラエルの人々には、その後に従うことが命じられました。その理由は、イスラエルの人々が「前にこの道をとおったことがないから」というのでした。

踏み慣れた土地を歩くことは簡単です。しかし、新しい地を進むときには、注意深さが必要です。自分の経験に頼ることはできません。どこにどんな危険や落とし穴が待っているか、分かりません。イスラエルの民は、この時、彼らの歩みに先立ち、導いてくださる神様を見上げる必要がありました。

契約の箱は、聖所の中でも一番奥、神の臨在が表されるべき場所に置かれました。この箱は、神が民と共にいますことを象徴するものであったと言えます。この箱が彼らの前に進む……それは、神様が先立ってくださることの象徴でした。人々は、祭司にかかれて先立つ契約の箱を見ながら、「神様が先立ってくださる」、「神様が伴ってくださる」と、勇気づけられたことでしょう。

二、身を清めて

「あなたがたは身を清めなさい。あす、主があなたがたのうちに不思議を行われるからである」。

（ヨシュア三・五）

二つ目に神様がイスラエルの民に命じられたのは、身を清めるということでした。神様が彼らの間に不思議を行って、新しい地に導こうとしておられました。彼らは特別な神のみわざを見ようとしていました。それはまた、絶えず民を導いて来られた神の臨在を特別に確認すべき時でもありました。そのような時に民に求められたのは、身をきよめるということでした。

具体的には、それは衣服を洗うといったことであったかもしれません（出エジプト一九・一〇）。しかし、そういった行為は、悔い改めるべきは悔い改め、赦して頂くべきは赦して頂いて、内をきよくして頂くことの表われであるべきでした。

私たちが慣れない、新しい領域に進もうとするとき欠かせないのは、身を清めるということです。悔い改めは、私たちが日々行っていくべきことです。しかし、特に生涯の転機とも言える場所に来たならば、自分自身を点検してみましょう。神様の前に出て、悔い改めるべきところがないかどうか、神の言葉の光に照らして頂くと良いでしょう。そして、示された罪や過ちがあれば、十字架を仰いで赦していただき、きよめて頂きましょう。

三、一歩足を踏み出す

全地の主なる神の箱をかく祭司たちの足の裏が、ヨルダンの水の中に踏みとどまる時、ヨルダ

ンの水は流れをせきとめられ、上から流れくだる水はとどまって、うず高くなるであろう（ヨシュア三・一三）

最後に、神様はイスラエルの人々が一歩足を踏み出すことを求められました。どのように備えがなされたとしても、足を踏み出さなければ何事も起こりません。しかし、民が足を踏み出し、祭司たちがヨルダンの水の川の中に足を踏み入れていくならば、神様が道を開いてくださるというのです。彼らは従いました。先頭の祭司たちが水際に近付きました。そして、次の瞬間、驚くべきことが起こりました。

箱をかく者がヨルダンにきて、箱をかく祭司たちの足が水ぎわにひたると同時に、―ヨルダンは刈り入れの間中、岸一面にあふれるのであるが、―上から流れくだる水はとどまって、はるか遠くのザレタンのかたわらにある町アダムのあたりで、うず高く立ち、アラバの海すなわち塩の海の方に流れくだる水は全くせきとめられたので、民はエリコに向かって渡った。（ヨシュア三・一五、一六）

祭司たちの足がヨルダン川の水に触れるまでは何も起こりませんでした。しかし、触れると同時に、川の水は途中でせき止められ、イスラエルの人々の前にかわいた地が現れたのです。民はその地を歩いて、無事ヨルダン川を渡ることができました。そのようにして、彼らは新しい地に足を踏み入れることができました。

前進のためには、それが本当に神の御心であるのか、確認する必要があります。また、なすべき備えは果たさなければなりません。しかし、すべての準備がなされたならば、私たちは足を踏み出す必要があります。目に見える困難や状況を見て躊躇していては、前進できません。神様が「進みなさい」と言われるときには、従い、進まなければなりません。従い進むとき、道は開かれ、前進することができます。

◇　これまでの生涯を振り返って、未経験の領域に足を踏み出した経験を思い起こすことができるでしょうか。

◇　神がヨルダン川の流れを止める奇跡を行われたのには、いくつかの理由が考えられます。どんな理由があったと思いますか。（参考　ヨシュア三・七、一〇、四・一四、二四、五・一）

◇　今神様が新しい地（領域）に足を踏み出すべきことを告げておられるように感じるでしょうか。それはどんなことですか。そのために、どんな備えをなすべきだと思いますか。

第28章　窮状の中から　――ギデオン　士師六・一―一六

ヨシュアの指導のもと約束の地に入ったイスラエルの民は、多くの戦いの中で約束の地を獲得し、その地に広がっていきます。しかし、ヨシュア亡きあと、イスラエルの民の歴史は一つのパターンを繰り返すことになります。民が神の前に悪を行うことにより、周辺諸国に攻められ、国は窮状の中に置かれます。しかし、困難の中で彼らは神に助けを求め、神様は彼らのためにリーダーを立て、彼らを救われます。この繰り返しが当時の彼らの歴史でした。このようにして立てられたリーダーたちは、士師と呼ばれました。そして、そのような民の歴史を綴ったのが士師記です。

今回取り上げるギデオンもまた、有名な士師のひとりでした。当時、ミデアン人の勢力が強くなり、イスラエルの民を圧迫していました。種まきの時期になると彼らがやってきて、せっかくの産物を荒らしていくので、「イスラエルはミデアンびとのために非常に衰え」ました（士師六・六）。

神の民として生きていこうとしても、様々な窮状に置かれることは今でもあります。そのような時、そういう中からどのように進むことができるのか、士師記を通して示唆を得ることができます。

一、非を認める

イスラエルの人々はまた主の前に悪をおこなったので、主は彼らを七年の間ミデアンびとの手にわたされた。(士師六・一)

彼らの窮状の原因は、この場合、明確でした。イスラエルの人々が「主の前に悪をおこなった」からでした。彼らは確かに約束の地に住んでいました。しかし、その地に住んで繁栄していくのは、彼らが神の前に律法を守り、正しく生きていくことが条件でした(申命記二八・一、一五)。ミデアンびとによるイスラエルの窮状は、ミデアンびとが強かったからでもなく、イスラエルの人々が弱かったからでもありませんでした。イスラエルの民が主の前に悪を行ったからでした。

民が神様に助けを求めたとき、神様はひとりの預言者を彼らに遣わし、彼らがなぜこのような状況に陥ったのかを諭されました。

あなたがたはわたしの言葉に従わなかった。(士師六・一〇)

エジプトに奴隷状態であったイスラエルの民を、神様が救い出し、この地に導いた後には、その地の民を追い払われ、この地を彼らに与えられた……そのような歴史を振り返りながら、預言者は一つの条件がそこにあったことを指摘します。「あなたがたが住んでいる国のアモリびとの神々を恐れてはならない」という条件です。しかし彼らは神の言葉に従いませんでした。神様は預言者を遣わし、まずその点を指摘されました。彼らの窮状の原因がそこにあったからです。

私たちが経験する困難や窮状の原因は様々でしょう。必ずしも、それらすべてが私たちの罪の故であるとは限りません。しかし、困難な状況を前にして、もう一度、自分たちに何か非がなかったか、神の祝福を失わせるような罪を犯していないか、点検してみることは必要です。そのようなものがあるならば、率直に非を認め、神の前に悔い改めることなしに、解決の道が備えられることはないでしょう。

二、主に呼ばわる

こうしてイスラエルはミデアンびとのために非常に衰え、イスラエルの人々は主に呼ばわった。（士師六・六）

もう一つのことは、「主に呼ばわる」ということです。イスラエルの民は、主なる神様に窮状を訴え、助けを求めました。先の預言者が遣わされたのも、民が主に呼ばわった結果としてでした。

さらに神様は、彼らの訴えに対して、士師ギデオンを立たせられました。主の使いがギデオンのもとに送られます。主の使いが、「大勇士よ、主はあなたと共におられます」と挨拶します。この時、ギデオンは一つの疑問を主の使いにぶつけます。

ギデオンは言った、「ああ、君よ、主がわたしたちと共におられるならば、どうしてこれらの事がわたしたちに臨んだのでしょう。わたしたちの先祖が『主はわれわれをエジプトから導き上られたではないか』といって、わたしたちに告げたそのすべての不思議なみわざはどこにありますか。今、主はわたしたちを捨てて、ミデアンびとの手にわたされました」(士師記六・一三)

「主はあなたと共におられます」との挨拶に、彼は民の窮状を思わずにはおれませんでした。「主がわたしたちと共におられるならば、どうしてこれらの事がわたしたちに臨んだのでしょう」と、主の使いに疑問をぶつけました。彼自身、民の窮状を憂い、そのような疑問の念に日々悩まされていたのではないでしょうか。神様は、そのような憂いを持つギデオンを、救国のリーダーとしてお用いになりました。

窮状を見て、仕方がないとあきらめるなら、それで終わってしまうかもしれません。しかし、主の恵みの約束を思い起こし、自らの非を悔い改めつつも、助けを求めて訴えるなら、神様は私たちをそのままにはなさいません。

三、信仰に立つ

悔い改めるべきは悔い改め、祈るべきは祈るなら、あとは信仰に立つことです。

ギデオンの質問に対して、神様の答えはこうでした。「あなたはこのあなたの力をもって行って、ミデアンびとの手からイスラエルを救い出しなさい。わたしがあなたをつかわすのではありませんか」（士師六・一四）。しかし、ギデオンはこのような神の言葉をそのまま素直に受け入れることはできませんでした。「ああ主よ、わたしはどうしてイスラエルを救うことができましょうか。わたしの氏族はマナセのうちで最も弱いものです。わたしはまたわたしの父の家族のうちで最も小さいものです」（士師六・一五）。彼が自分自身を見つめるとき、そこには弱さや小ささだけが目に映りました。それに対して、置かれている状況は厳しく、とても神の召しにお応えすることはできないように思えました。

しかし、その時、神様はこう語られます。

しかし、わたしがあなたと共におるから、ひとりを撃つようにミデアンびとを撃つことができるでしょう（士師六・一六）

これは、主の使いの最初の挨拶、「主はあなたと共におられます」ということがどんなに大きなことであるかをギデオンに教えようとする言葉でした。神様が共におられるならば、状況がどんなに厳しく、ギデオン自身がどんなに小さな者であったとしても大丈夫。「ひとりを撃つようにミデアンびとを撃つことができる」というように、事は確実に進んでいくということを保証される言葉でした。

この後、ギデオンは繰り返し神様にしるしを求めます。神様はそれに対して忍耐深くお応えになります。ギデオンが信仰に立つまで、忍耐強くお待ちになります。やがてギデオンが信仰により立ち上がった時には、驚くべき勝利がイスラエルに与えられたのでした。

私たちの目の前に、何か困難な状況があるでしょうか。神様はそのような状況をも劇的に変えてしまうことのおできになる方です。

◇ 私たちの目の前に、何か困難な状況があるでしょうか。
◇ 士師六・一一には、ギデオンのどのような性質が表れていると思いますか。
◇ 今回の学びを通して、あなたが現状の中で取り組むべき課題は何だと思いましたか。

第29章　力の源泉　——サムソン

士師一三・一—五、一六・一五—二二

時代は変わり、ペリシテ人がイスラエルを苦しめるようになりました。そのような中、立てられた士師がサムソンでした。彼は、怪力の持ち主であり、士師の中でもひときわ目立った活躍をした人物でした。しかし、同時に彼は多くの弱さを持った人物でもありました。そのため、彼の生涯は悲劇的な結末を迎えることになります。

彼の生涯を通して、信仰者の力の源泉がどこにあるのかを確認しましょう。

一、力の源泉

彼の誕生については、その母親に対して、天使による事前の告知がありました。

あなたは身ごもって男の子を産むでしょう。その頭にかみそりをあててはなりません。その子

は生れた時から神にささげられたナジルびとです。彼はペリシテびとの手からイスラエルを救い始めるでしょう（士師一三・五）

ナジルびととは、酒を断つこと、頭の毛を切らないことなど、いくつかの誓いを神にささげた人たちのことです。サムソンは、生れた時からナジルびととして定められた人物でした。彼は、ペリシテ人からイスラエルの民を救うために立てられた士師でしたが、その働きの成功は、彼がナジルびととしての誓いを守ることを条件としていました。

天使が告げたように、両親はサムソンをナジルびととして育てます。やがてサムソンはめざましい活躍を始め、その怪力によってペリシテ人たちを痛い目に合わせます。ペリシテ人たちは何とかして彼の怪力の秘密を知りたいと考えました。サムソンがデリラというペリシテ人の女性を愛していることを知った彼らは、デリラに彼の力の秘密を探り出させようとします。サムソンは幾度かあらぬことを言って、言い逃れようとしますが、遂に力の秘密を告白してしまいます。

わたしの頭にはかみそりを当てたことがありません。わたしは生れた時から神にささげられたナジルびとだからです。もし髪をそり落とされたなら、わたしの力は去って弱くなり、ほかの人のようになるでしょう（士師一六・一七）

天使が告げ、サムソン自身も自覚していたこと、ペリシテ人も何とか探り出そうとしたこと、それは、神様に与えられた力には条件があるということでした。それは、神様から求められた聖別を守ることでした。

サムソンの力は特別なものであり、その力を保つための条件もナジルびととしての誓いを守るという特別なものでした。しかし、信仰者一般にあてはまる点もあります。信仰者の力の源泉は聖別された生き方にあるということです。すなわち、信仰者として神様のために力強い働きをしようとするなら、神の御心にかなわない罪や不正を遠ざけ、それらのものから聖別されている必要があります。

二、力の喪失

さて、サムソンの力の秘密を知ったデリラは、早速彼を眠らせ、髪の毛をそり落とすことに成功します。その結果、サムソンはどうなったでしょうか。

その力は彼を去っていた。（士師一六・一九）

ナジルびととしての聖別を失った彼は、同時に力をも失います。デリラがペリシテ人の近づいているることを告げると、彼は目を覚まし、「わたしはいつものように出て行って、からだをゆすろう」と言います。ここに彼の悲劇の一つがあります。

彼は主が自分を去られたことを知らなかった。（士師一六・二〇）

ペリシテ人は難なくサムソンを捕らえ、両目をえぐり、自分たちの町に連れていき、足かせをかけて牢屋につなぎます。力を失ったサムソンは、たちまち哀れな状況に追いやられます。

多くの信仰者の悲劇も同様です。聖別の大切さを知らず、信仰者としての聖別を失ってしまったとき、信仰者としての力をも失います。そうでありながら、なおそれまでと同様に神様のために奉仕ができると考えるのです。

この瞬間に至るまでのサムソンの姿を、もう少し詳しく見てみることも有益です。彼は、ナジルびととしての特別な聖別以外にも、おろそかにしていたいくつかの点を見つけることができます。彼女は、女性に対して弱い面を持っていたようです（士師一四・二、一六・一）。また、気性が荒く、怒りに燃えると、後先を考えずに行動してしまうところもありました（士師一四・一九）。彼がナジルびととしての聖別を守っていた間は、これらの弱ささえ、ペリシテ人に損害を与えるために用いられた面もありました。しかし、神様から与えられた力に慢心した彼は、これらの弱さを注意深く管理することを怠りました。その結果、力の秘密を漏らし、力の源泉を失うことになるのです。

誰でも強い所、弱い所を持っています。自分の弱さを自覚し、自分が弱い領域については、神様の特別な守りを求めていくことも大切でしょう。

三、力の回復

神様は憐れみ深い方です。聖別を失ったサムソンに、生涯の最後、もう一度だけ活躍する機会を与えられます。牢屋につながれ、うすをひかされていたサムソンでしたが、時間とともに髪の毛が再び伸び始めるのです。

ペリシテびとが彼らの神ダゴンに犠牲をささげ、祝いのために集まったとき、サムソンが牢屋から呼び出されます。哀れな彼の姿を見て、楽しもうというのでした。その時、家を支えている柱によりかかりつつ、サムソンは神に祈ります。

「ああ、主なる神よ、どうぞ、わたしを覚えてください。ああ、神よ、どうぞもう一度、わたしを強くして、わたしの二つの目の一つのためにでもペリシテびとにあだを報いさせてくださ

い」。（士師一六・二八）

家を支える二つの中柱を両腕にかかえたサムソンは、「わたしはペリシテびとと共に死のう」と言って、力を込めて身をかがめます。家は崩壊し、中にいた多くのペリシテ人の上に崩れ落ちるのです。聖別を失うことは悲劇ではありますが、神様は回復の道をも備えてくださる方です。まずは、罪から離れることが先決です。神との関係を正しくすることが必要です。自分の過失から様々な苦難が起こってくるかもしれません。それらを神様からのものとして甘んじて受け入れる必要もあるでしょう。そのようにしながら、神の憐れみの御手を求めていくことができます。心砕かれつつ神を求め続けていくならば、神様は回復の道をも備えてくださることでしょう。

いずれにしても、聖別は力の源泉です。必要な聖別を守ることができるよう、神の守りを祈り求めていきたいものです。

◇ あなたがもしサムソンのような怪力を持ったとすれば、それをどのように用いたいと思いますか。

◇ 罪があるとき、信仰者から力が去ります。しかし、それ以前に去ってしまうのは何でしょうか。（士師一六・二〇）

◇ 信仰者として必要な聖別が守られるために、あなたが特に心がけたいことは何ですか。

第30章　神の民の祝福に加わる

――ルツ　ルツ一・一四―一八、二・一―三

士師たちの活躍が終ろうとする頃、一人の異邦人女性がユダのベツレヘムに到着します。彼女の名前はルツ。旧約聖書には彼女のことを記した書があり、ルツ記と言います。その書の最後を見ると、彼女はボアズというイスラエルの男性と結婚します。そして、モアブ人の女性でありながら、イスラエルの王ダビデの先祖となります。

当時、神様がご自分の民として選んでおられたのは、イスラエルの民でした。神のご計画は、イスラエルの民を中心に進められていました。しかし、そのような中で、ルツのような異邦人女性がいたことは注目すべきことです。このことは、神の計画が決してイスラエルの民だけに限定されていたのではないことを示唆しています。むしろ、神様がイスラエルの民を選んでおられたのは、彼らを通して多くの民を祝福にあずからせるためでした。ルツの存在はそのような神の大きな計画を示唆するものと言えるでしょう。

ここでは、異邦人女性ルツがどのようにして神の民の祝福に加わることになったのかを学びましょ

う。

一、神の民の信仰と愛に触れた

物語は、ある時、イスラエルの地に飢饉が起き、ベツレヘムからイスラエルの家族がモアブの地に滞在したことから始まります。彼らは、エリメレクとナオミ夫妻、そして彼らの息子たちでした。エリメレクが死んだ後、息子の一人はルツとの結婚に導かれ、もう一人はやはりモアブ人のオルパと結婚しました。ところが、二人の息子たちが若くして死にます。悲しみに沈むナオミは、故国の飢饉が過ぎ去ったことを知り、故郷のベツレヘムに帰ることを決意します。

ここで二人のお嫁さんたちは、ナオミと一緒にベツレヘムに帰ろうとします。おそらく、二人の嫁に対してナオミは愛情深く接したのでしょう。何年かの家族としての交わりの中で、ルツもオルパも、ナオミに対して本当の母に対するような思いを抱いていたようです。また、彼らの信仰にも触れ、生ける真の神様に対して心を開いていたこともあったでしょう。そのような中から、オルパもルツも、帰国しようとするナオミについていこうとしました。

もちろんナオミは彼らの思いに感謝したことでしょう。しかし、彼女たちの今後のことを考えれば、母国にとどまって、同国人と結婚し、家庭を築くのがよいと判断し、そのように説得します。愛のこもった、また理を尽くしたナオミの説得を受け、オルパは泣きながらナオミに別れを告げます。しかし、ルツの心は既にナオミと固く結ばれていたようです。

あなたを捨て、あなたを離れて帰ることをわたしに勧めないでください。わたしはあなたの行かれる所へ行き、またあなたの宿られる所に宿ります。（ルツ一・一六）

ナオミに対するルツの態度を見るとき、彼女のナオミへの心情が口先だけのものではなかったと分かります。ナオミも、ルツの決心があまりに固いのを見て、説得をあきらめたほどでした。ルツが神の民の祝福に加えられていく大きなきっかけは、ナオミ家族の信仰と愛に触れ、その心が彼らに対して大きく開かれていたことにありました。

二、天地創造の神を信じた

しかし、ルツが最終的に神の民の祝福に加えられた要因としては、彼女自身の中に生ける真の神様に対する信仰が芽生えていたことが挙げられます。

ナオミがルツに対して、オルパと一緒にモアブの地にとどまるよう勧めた言葉は以下のようなものでした。「ごらんなさい。あなたの相嫁は自分の民と自分の神々のもとへ帰って行きました。あなたも相嫁のあとについて帰りなさい」(ルツ一・一五)。モアブの地には、ケモシ等の神々に対する信仰がありました。オルパは、自分の民のもとに帰ったと共に、そのような神々のもとに帰ったとも言うことができます。しかし、ルツはそのような選択をしませんでした。ルツがナオミに語った言葉に、その点が明瞭に表れています。

あなたの民はわたしの民、あなたの神はわたしの神です。(ルツ一・一六)

ルツはナオミ家族と共に生活する中で、彼らの信じるイスラエルの神こそは、天地の創造者であり、生きておられる真の神であると信じるに至ったようです。彼女がナオミと一緒にベツレヘムに行こうとすることは、同時にナオミの民を自分の民とすることであり、ナオミの神を自分の神とすることでもありました。

ルツにとって、生まれ育った国を後にし、見たことのない国で生きることは、決断を要することだったに違いありません。しかし、ルツにとっては真実でない神々の間で生きるよりも、生ける神様を礼拝する民の中で生きるほうが幸せだと考えました。

三、はからずも

以上のことは、いずれもルツの中に見られたことです。しかし、ルツが神の民の祝福に加えられたのは、彼女の考えや思いを越えたところで、神様が導かれたことでもありました。

ベツレヘムにやって来た後、ルツはナオミの家計を助けたいと考えたのでしょう、落ち穂拾いにでかけます。「落ち穂拾い」は、ミレーの絵画で有名ですが、麦等の穀物畑の間に落ちている穂を集めることをさします。ユダヤ人律法において、そのことは許されていることでした。むしろ、土地所有者は貧しい人々のために、落ち穂を拾い集めず、そのままにしておくことが命じられていました（レビ一九・九、一〇）。

さて、落ち穂拾いに精を出していたルツは、やがてボアズの畑にやってきます。その経緯をルツ記は次のように描写しています。

> ルツは行って、刈る人たちのあとに従い、畑で落ち穂を拾ったが、彼女ははからずもエリメレクの一族であるボアズの畑の部分にきた。（ルツ二・三）

ボアズはナオミの親戚でもあったのですが、ルツはそれと知ってその畑に近づいたわけではありません。親戚の畑であることも知らずに、彼女は精一杯仕事に取り組んでいるうちに、「はからずも」、ボアズの畑にやってきたのでした。このことをきっかけとして、ボアズとの出会いが与えられ、やがて彼らは結婚するに至ります。そして、彼らの間に生まれた子孫の中から、やがてイスラエルの王となるダビデが現われます。

「はからずも」ということは、ルツ自身の意図ではなかったことを意味します。同時にそれは、人の思いを越えて働かれる神様の意図があったことをも示唆しています。ルツが神の民の祝福に加えられていったこと……そこには生ける神様の愛に満ちた配慮がありました。

今私たちは、ダビデの子としてお生まれになったイエス・キリストによって、すべての国々から神の民に加わるよう招かれています。自分の力や思いだけで神の民となるわけではありません。神様が愛の意図をもって招き、導いてくださるので、私たちも神の民に加わることができます。私たちを招いてくださる神様の導きにお従いし、私たちも神の民の祝福の中を歩んでまいりましょう。

◇ 生まれ育った故郷を離れた経験がありますか。
◇ ルツがナオミについてベツレヘムに来た時の心情を想像してみましょう。
◇ あなたが教会に行くようになったきっかけの中に、神の導きを覚えることができますか。

第31章　神のみわざの始まり

――サムエル①　サムエル上一・一―二〇

イスラエルは大きな時代の転換期を迎えようとしていました。これまでは、イスラエルの諸地方に、断続的に士師が立てられ、民への指導がなされてきました。しかし、やがて国の恒久的リーダーとして王を立てようとする動きが起ころうとしていました。また、王の出現に伴い、預言者が出現しようとしていました。このような時代の変わり目に登場したのがサムエルでした。

彼は、最後の士師と呼ばれると同時に（サムエル上七・一五―一七）、後の時代からは預言者の先駆けとも見られるようになりました（使徒三・二四）。そして、サムエルは、イスラエル最初の王、サウルに任職の油を注いだ人物でもありました。彼の誕生は、まさに新しい時代の始まりを象徴したと言ってもよいかもしれません。サムエル誕生にまつわる経緯を見ながら、神様のみわざがどういうところから始まるのか、ご一緒に考えてみましょう。

一、苦しみの中から

こうして年は暮れ、年は明けたが、ハンナが主の宮に上るごとに、ペニンナは彼女を悩ましたので、ハンナは泣いて食べることもしなかった。（サムエル上一・七）

サムエルを生んだのは、ハンナという女性でした。彼女は、エルカナという人の妻でしたが、彼にはもう一人の妻があり、ペニンナと言いました。ところが、ペニンナには子どもが生まれたのですが、ハンナには長い間子どもが生まれませんでした。当時、子どもが与えられることは、神様からの祝福のしるしと考えられました。ですから、ハンナにとって子どもが与えられないことは、大きな悩みとなりました。

特に、悩みが大きくなったのは、家族で年ごとにシロという町に上り、神様を礼拝し、犠牲をささげるときでした。犠牲としてささげるための分け前は、妻ペニンナには子どもたちの分も合わせ、大きなものでしたが、ハンナには当然ながら一人分だけでした。その上、ペニンナはハンナに、子どもが生まれないことをあえて指摘し、ハンナを悩ませたのでした。夫エルカナは、何とかしてハンナを慰めようと言葉をかけますが、その言葉もハンナの憂いを晴らすには至りませんでした。

おそらく、このような悩みの中で、ハンナは神の御心がどこにあるのか、測りかねたことでしょう。ペニンナが誘ったように、神様を恨みそうになったこともあるかもしれません。しかし、実は、その深い悩みの中、思いがけない所で神のみわざが進んでいたのでした。
人間の目に、苦しみの原因のすべてが明らかになることはありません。しかし、聖書を読めば、苦しみ悩む人々の間から神の新しいみわざが始まる事例が沢山あるのに気づきます。神様を信じ見上げる人々の間に、多くの苦しみや悩みがあったとしても、それらは決して無益なものではないと教えられます。

二、祈りの中から

ハンナは、心の悩みを誰彼に訴えることをせず、神様に訴えました。自分の悩みを正直に神様に告げました。シロで他の者たちが飲み食いをしている間、彼女は神殿に行って祈りをささげました。

ハンナは心に深く悲しみ、主に祈って、はげしく泣いた。（サムエル上一・一〇）

彼女があまりに長く祈っていたので、祭司エリが彼女に目を留めました。ハンナは、くちびるを動かしていたものの、声には出さずに祈っていました。その様子に、エリはハンナが酔っているのかと考え、彼女に声をかけました。ハンナの答えはこうでした。

「いいえ、わが主よ。わたしは不幸な女です。ぶどう酒も濃い酒も飲んだのではありません。ただ主の前に心を注ぎ出していたのです。はしためを、悪い女と思わないでください。積る憂いと悩みのゆえに、わたしは今まで物を言っていたのです」。（サムエル上一・一五、一六）

ハンナの悩みが深い分、彼女の祈りも深いものとなりました。彼女の祈りは、自分の心を注ぎ出しての祈りでした。

また、彼女は、祈りの中で神様から、なんらかの確信を頂いたもののようです。祈りの場から立ち上がった後、悩みのため手につかなかった食事をとりました。「その顔は、もはや悲しげではなくなった」とあります（サムエル上一・一八）。彼女の心は、祈りの答えを先取りしていたようです。

苦しみ、悩みの中で、ただつぶやくだけでは、心の闇は濃くなるばかりかもしれません。しかし、心にある苦しみ、悩みを、生ける神の前に持ち出し、心を注ぎだして祈るなら、そのような祈りを神様は無に帰されません。何事かをなしてくださいます。そして、注ぎだされた祈りは、具体的な解決を目にする前に、信仰による勝利と平安を祈る者に与えます。祈りの中から、神のみわざは始まります。

三、ささげることから

最後に、ハンナが祈りの中で立てた誓いに目を留めましょう。

「万軍の主よ、まことに、はしためのの悩みをかえりみ、わたしを覚え、はしためを忘れずに、はしために男の子を賜わりますなら、わたしはその子を一生のあいだ主にささげ、かみそりをその頭にあてません」。（サムエル上一・一一）

多くの人々は、悩み祈る中で、思わず同じような祈りをささげるかもしれません。「……してくださったら、……します」と。しかし、いざ祈りがきかれると、そのような祈りをしたことを忘れてしまうことがないでしょうか。

ハンナは、自分がささげた祈りを忘れませんでした。彼女にやがて男の子が誕生し、サムエルと名づけます。そして、乳離れするのを待ってから、サムエルを連れてシロにある神殿に連れていきます。そして、子供を祭司エリのもとに連れていき、神殿で神に仕える者とするのです。

母親として、その誓いの実行は、辛い思いもあったことでしょう。毎年神殿に来ては、サムエルのために手作りの上着を手渡す時の気持ちはどうだったでしょうか。しかし、彼女は神様にささげると誓ったものを、取り下げはしませんでした。

神殿で育ち、神に仕える者として育ったサムエルは、やがて神の言葉を伝える預言者として立てられ、用いられます。もしハンナが自分の言葉を裏切り、サムエルを神様にささげなかったとしたら、イスラエルの歴史はかなり違ったものになったことでしょう。

神の導きの中で、自分にとって大切なものを神様におささげすることがあったとしたら、神様はそれを無にはされません。御手の中で祝福して用いてくださいます。時には、そこから神の大きなみわざを始めなさることもあるでしょう。

神のみわざが切望される時代です。私たちの悩みを顧み、祈りに聞いてくださる神様を覚え、この方に祈り、導きであればこの方に思い切っておささげしつつ、神のみわざに期待して参りましょう。

◇　これまでの生涯で最大の悩みのときは、どのような時でしたか。

◇　祈りが具体的に応えられる前に、心に変化が起こった経験がありますか。また、ハンナのように、祈りの中で、「……してくださったら、……します」という祈りをささげたことがありますか。

◇　神のみわざがあなたの周りで始められ、前進していくために、今なすべきことは何だと思いますか。

第32章　預言者として立つ　——サムエル②　サムエル上三・一—一八

祭司エリのもとに預けられたサムエルは、やがて神様によって預言者として立てられます。「預言者」とは、神の言葉を預かり、人々に伝える働きをする人のことです。イスラエルの民にとって預言者が立てられることは、王国時代を迎えるに当たっての大切な備えとなりました。

現代の教会において、預言者としての使命は、牧師や伝道者だけに与えられたものというより、教会全体に与えられている使命と考えるのがよいでしょう。直接神の言葉を伝える働きをするのではなくても、教会が一つとなってこの働きを担っていると理解することができます。教会に属する者がそれぞれの役割を果たしながら、全体としてこの働きを担っていると考えることができます。

サムエルが預言者としての働きを始めるきっかけとなったのは、少年時代のことでした。この時のエピソードは、預言者とはどういう人であるのかを教えてくれます。それはまた、私たちが現代において、預言者としての働きを担うためにはどういう者でなければならないかを教えます。

一、神との密接な関わりの中で生きる

少年サムエルは、祭司エリのもとで、神殿での生活を続けていました。その様子は要約的に次のように記されています。

わらべサムエルは、エリの前で、主に仕えていた。（サムエル上三・一）

注目すべきは、サムエルがエリにでなく、「主に仕えていた」と言われている点です。祭司エリは彼を養い、育て、指導してくれたことでしょう。しかし、少年サムエルは、「エリの前で」生活していましたが、彼が仕えていたのは主なる神様でした。彼の生活全体は、神に仕えるものとして整えられていました。少なくともサムエル自身はそのような意識で日々生活していました。

ところで、サムエルが置かれていた時代は霊的に暗い状況だったようです。次の言葉がそれを暗示しています。

そのころ、主の言葉はまれで、黙示も常ではなかった。（サムエル上三・一）

神様からの啓示が、明確な言葉でなされることも、幻の形でなされることも、めったにない時代でした。これは、当時の人々の霊的状況が、神の声をお聞きできるような状況ではなかったということを示します。

当時の神殿で神様に仕えていたのは祭司エリでしたが、彼は子どもたちの悪行を止めさせることができないでいました。恐らくは、彼自身の霊的な識別力も、かなり鈍っていたようです。彼が「しだいに目がかすんで、見ることができなく」なっていたのも、彼の霊的洞察力の低下を象徴するかのようでした（サムエル上三・二）。

エリとサムエルの就寝場所について記されているのも、ある面、興味深いことです。エリは、「自分のへやで寝ていた」のですが（サムエル上三・二）、サムエルは、「神の箱のある主の神殿に寝て」いました（サムエル上三・三）。これは、サムエルが臨時的にエリのもとに預けられたため、サムエルのための部屋がなかったということではありますが、二人と神様との関係の距離が象徴されているかのようでもあります。

神の言葉を預かる預言者としての働きは、その人自身が神との深い関わりを持っている中から進められます。少年サムエルはまさに、神との親密な関わりの中で生き、その生活全体は、主なる神様に仕えることに向けられていました。

二、神の御声を聞く

さて、そのようなサムエルも、神のみ声を聞くことについては未経験の状態にありました。ですから、神様が「サムエルよ、サムエルよ」と呼ばれたとき、それが神からの呼びかけであることにきづきませんでした。彼はエリが呼んだのだと思い、エリのところに行きました。しかし、エリは「わたしは呼ばない。帰って寝なさい」と告げるだけでした。そんなことが三度もあって、初めてエリは気づきました。「主がわらべを呼ばれたのである」と（サムエル上三・九）。そして、サムエルに告げました。

「行って寝なさい。もしあなたを呼ばれたら、『しもべは聞きます。主よ、お話しください』と言いなさい」。（サムエル上三・九）

サムエルはエリに言われたように、自分の所に帰りました。四度目、神様からの呼びかけがありました。「サムエルよ、サムエルよ」。サムエルは、エリに告げられたように答えます。「しもべは聞きます。お話しください」（サムエル上三・一〇）。その時、神様がサムエルに語り出されたのでした。

今の時代にも、神様は私たちに語りかけてくださいます。まずは、聖書の御言葉を通して語ってくださいます。加えて、いろいろな状況やタイミング、時には人の言葉を通しても、間接的に神からの語りかけを頂くことがあるでしょう。直接的、間接的、様々に語りかけられる神の声を聞き取るためには、私たちの側に、聞く耳を用意しておくことが必要です。

預言者としての働きは、聞くところから始まります。しっかりお聞きして初めて、神の言葉を人々に語ることができます。

三、聞いた神の言葉をそのまま語り伝える

最後に、預言者に求められるのは、聞いた神の言葉をそのまま人々に語り伝えるということです。神様がこの時サムエルに語られたことは、実はエリの家に対する裁きの予告でした。サムエルは、当然のことながら、語られたことをそのままエリに告げるのを恐れました。しかし、エリが隠さず話すようにと強いたので、サムエルは告げられたことをそのままエリに伝えました。エリもまた、「それは主である。どうぞ主が、良いと思うことを行われるように」と、神からの言葉として受けとめました。

この出来事は、サムエルにとって、預言者としての働きの第一歩になりました。神の声を聞いてそれをそのまま人々に伝えることが、預言者の働きだったからです。語られたことをそのまま伝える、

そのことを続けて行く中で、彼は人々から預言者として認められるようになりました。

サムエルは育っていった。主が彼と共におられて、その言葉を一つも地に落ちないようにされたので、ダンからベエルシバまで、イスラエルのすべての人は、サムエルが主の預言者と定められたことを知った。（サムエル上三・一九、二〇）

現代においても、神の言葉を聞いてそのまま伝える預言者の働きが必要です。教会が全体としてその使命を担っていることは事実です。しかし、教会に属する一人ひとりが、教会の預言者的使命を自覚し、その働きの尊さを理解することが大切です。私たちが語る言葉が本当に神の言葉であれば、それは「一つも地に落ちないように」されます。祈りつつ、ご一緒にこの使命に取り組んで参りましょう。

◇　少年サムエルの様子を読んで、自分と似ている点、違っている点、どんなところがありますか。

◇　エリとサムエルの違いを考えてみましょう。

◇　教会が預言者的使命を果たしていくため、あなたにできることは何だと思いますか。

第33章　王政開始の条件

——サムエル③　サムエル上一二・一二—二五

サムエルが高齢になったことを機に、イスラエルの人々は、周辺諸国と同じように王国となることを求め始めました。当初は気の進まなかったサムエルですが、神様の指示を頂きながら、王を選び立てます。この時、サムエルは王政開始の条件としていくつかのことを民に告げます。

神様は私たちの思いや意志を無視される方ではありません。私たちの態度や求めに応じて、ふさわしい導きをしてくださいます。しかし、そこには常にいくつかの条件が伴います。大きくは国のあり方から、小さくは私たち一人ひとりの生涯設計に至るまで、神の祝福の中で進められるための秘訣はどんなところにあるのでしょうか。イスラエルの民が王政を始めるに当たり、サムエルが語った言葉を通して考えてみましょう。

一、主があなたがたの王である

ところが、アンモンびとの王ナハシが攻めてくるのを見たとき、あなたがたの神、主があなたがたの王であるのに、あなたがたはわたしに、『いいえ、われわれを治める王がなければならない』と言った。それゆえ、今あなたがたの選んだ王、あなたがたが求めた王を見なさい。主はあなたがたの上に王を立てられた。（サムエル上一二・一二、一三）

ここで、神様はイスラエルの民が王を立てることを認めておられます。しかし、この時サムエルが彼らに向かってまず確認を求めたことは、「主があなたがたの王である」ということでした。王を立てること自体は、必ずしも許されないことではなく、実際、神様はこのことをお許しになって、サウル王をお立てになりました（サムエル上九、一〇章）。しかし、イスラエルの民にとって究極的な王は神様以外にないことをもし彼らが忘れるならば、それは神の前に罪となると言われました。

実際、王を求めた彼らの中には、そのような思いが隠れていることを指摘しています。「わたしは主に呼ばわるであろう。そのとき主は雷と雨を下して、あなたがたが王を求めて、主の前に犯した罪の大いなることを見させ、また知らせられるであろう」（一二・一七）。そのように語ったサムエルの言葉の通り、雷と雨がくだり、民は大変恐れました。神様は民の要求に従い、王を立てることをお許しになりましたが、彼らにとっての究極の王は神様以外にないことを、改めて教えるための出来事でした。

地上のあり方は、神の許しの中で様々な形態をとって進められます。国のあり方も、昔は王が立てられたり、貴族政治が行われたりしました。今では民主主義に基づく政治が行われもします。しかし、どんなに立派な政治が行われたとしても、その背後にあって、創造主なる神の統治があることを無視することはできません。少なくとも信仰者はそのことを覚えつつ、国の為政者が謙虚になって、神の御心にかなう政治を行うことができるよう祈る必要があります。

私たち一人ひとりの生涯も同様です。自分の生涯は自分で決めてきたと思うかもしれません。実際、神様は私たちの意志や決断を尊重してくださるお方です。しかし、私たちを生かし、私たちの生涯の具体的なあり方を導いておられるのは神様であることを忘れないようにしましょう。

二、主に従うならば、それで良い

もし、あなたがたが主を恐れ、主に仕えて、その声に聞き従い、主の戒めにそむかず、あなたがたも、あなたがたを治める王も共に、あなたがたの神、主に従うならば、それで良い。（サムエル上一二・一四）

王を立てるに際しサムエルが民に告げたことは、「あなたがたも、あなたがたを治める王も共に、あなたがたの神、主に従う」べきであるということでした。イスラエルにとって究極的な王が神ご自身であるとすれば、そのことは当然のことでした。しかし、王政が始まってしばらくすると、当然のはずのこのことが何度も無視されていくことになります。そのことは、王国の崩壊、滅亡に導くことになります。神様はそのことをご存じで、王が立てられる最初に警告を与えられました。（一二・二五参照）

私たちも、神の許しの中で様々な職業や立場で人々に仕え、生きています。しかし、そのすべてを通して神の御心を追い求め、神様の声に聞き従うことを大切にしましょう。私たちの歩みのすべてが祝福の中に進められていくために、そのことはなくてはならないことです。

三、祈ることをやめて主に罪を犯すことは、けっしてしない

最後に、サムエルが付け加えたことは、以下のことでした。

また、わたしは、あなたがたのために祈ることをやめて主に罪を犯すことは、けっしてしないであろう。（サムエル上一二・二三）

王が立てられるに当たり、サムエルが自分自身の務めとして自覚したことが二つありました。一つは、「良い、正しい道を、あなたがたに教えるであろう」とあるように（一二・二三）、預言者として神の御心を民に教え続けることでした。しかし、もう一つ、彼が自覚していたのは、祈ることでした。どれだけ御心を教えても、人間は示された道から逸れやすい者であることを彼はよく知っていました。ですから、彼らのために祈ることは、預言者としての使命の一つであり、それをしないことは「主に罪を犯すこと」と考えました。

このことは、預言者だけに当てはまることではなく、神の民として生きるすべての者に託された使命であると言ってよいでしょう。自分自身のためだけでなく、周囲の神の民のために、また世界や日本のために、神様に祈ることは私たちに委ねられた使命です。

祈りなくして神のみわざは進みません。人目につかない、小さな祈りのように思えたとしても、それなくして神の大きなみわざが進んだことはありません。逆に、祈ることをやめることは、どんな時代、どんな状況にあっても、神様に罪を犯すことになります。

今この時代、国の状況を覚え、教会の現状を覚えながら、すべての背後にあってすべてを統べ治めたもう神様に祈り続けて参りましょう。

◇　国のあり方が変わっていくのを見て、戸惑ったことがありますか。

◇　サムエルを通して「主の前に犯した罪」を指摘しながら、神様が王政の開始を許されたのはなぜだと思いますか。(サムエル上八・七、八も参照)

◇　今あなたが特に祈るべきことはどんなことだと思いますか。

第34章　信仰によって待つ

——サウル　サムエル上一三・一—一四

サウルは三十歳で王の位につき、二年イスラエルを治めた。（サムエル上一三・一）

サムエルを通して神様に選ばれ立てられた王は、サウルと言いました。体格も立派であり、人格的にも謙遜な一面がありました。しかし、結果的に、彼によるイスラエル統治は一代限りで終わります。なぜ彼は退けられることになったのでしょうか。彼の姿を反面教師としながら、神様を信頼するとはどういうことかを学びます。

一、待ち切れなかった王

サムエルによって、ギルガルという町での王国一新が提案され、サウルとイスラエルの人々はギルガルに集っていました。サムエルはサウルに、自分が来て供え物をささげるまで、七日間待つように

表面に ご住所・ご氏名等ご記入の上ご投函ください。

●今回お買い上げいただいた本の書名をご記入ください。
書名：

●この本を何でお知りになりましたか？
1. 新聞広告（　　　　）2. 雑誌広告（　　　　）3. 書評（　　　　）
4. 書店で見て（　　　　　書店）5. 知人・友人等に薦められて
6. Facebookや小社ホームページ等を見て（　　　　　　　）
●ご購読ありがとうございます。
ご意見、ご感想などございましたらお書きくだされぱさいわいです。
また、読んでみたいジャンルや書いていただきたい著者の方のお名前。

・新刊やイベントをご案内するヨベル・ニュースレター（Eメール配信・不定期）をご希望の方にはお送りいたします。
（配信を希望する／希望しない）

・よろしければご関心のジャンルをお知らせください
（哲学・思想／宗教／心理／社会科学／社会ノンフィクション／教育／歴史／文学／自然科学／芸術／生活／語学／その他（　　　　　　　）

・小社へのご要望等ございましたらコメントをお願いします。

自費出版の手引き「**本を出版したい方へ**」を差し上げております。
興味のある方は送付させていただきます。
資料「**本を出版したい方へ**」が（必要　　必要ない）

見積（無料）など本造りに関するご相談を承っております。お気軽にご相談いただければ幸いです。

＊上記の個人情報に関しては、小社の御案内以外には使用いたしません。

郵便はがき

恐縮ですが
切手を
お貼りください

113 - 0033

東京都文京区本郷 4-1-1-5F

株式会社ヨベル YOBEL Inc. 行

ご住所・ご氏名等ご記入の上ご投函ください。

ご氏名：　　　　　　　　　　　　（　　　歳）

ご職業：

所属団体名（会社、学校等）：

ご住所：（〒　　　-　　　　）

電話（または携帯電話）：　　　（　　　　　）

e-mail：

命じます（サムエル上一〇・八）。そういう中、ペリシテ人がイスラエルと戦うために圧倒的な勢力で陣をはります。敵陣の圧迫を受け、イスラエルの人々は危険を感じ取りながら、サウル王のもとに集っていました。ところが、サムエルが指示した七日目になっても、サムエルはギルガルに来ません。民はサウルのもとを離れ、散り始めます。そこで、サウルは、サムエルの到着を待ち切れずに、自ら犠牲の供え物を神様にささげるのです。

その燔祭をささげ終ると、サムエルがきた。（サムエル上一三・一〇）

サウルが供え物をささげ終わったとき、サムエルが到着します。そして、サウル王に尋ねます。「あなたは何をしたのですか」と。それは、サムエルが来てから、サムエルがするはずのことでした。しかし、サウルは今少しの時間が待ち切れませんでした。

神様は、すべてのことに時を定めておられます。その「時」は、私たちの目には遅すぎるように見えますが、実は最善の時であり、最善のタイミングなのです。その「時」を待ち切れず、神様がなさるはずの働きを自ら始めようとしてしまう愚行を、私たちは重ねてはいないでしょうか。

「あなたがたは立ち返って、落ち着いているならば救われ、穏やかにして信頼しているならば力を得る」（イザヤ三〇・一五）。危険が迫るように見える中で、私たちは何かをしなければならないと考えます。自ら動いて、火の子を消さなければならないように感じます。しかし、私たちがまずしなければならないのは、神様を見上げることではないでしょうか。そして、私たちを愛し、守り、支え、導いてくださる神様に、静かな信頼を置くことではないでしょうか。その中で神の導きを頂いたら、その時こそ私たちは動き始めるべきでしょう。私たちの目に危険が迫るように見える時、それは神様に信頼することをもう一度学びなおすべき時なのです。

二、外面を飾ろうとした王

サウルは、なぜ自ら犠牲の供え物をささげようとしたのでしょうか。彼は、サムエルに問われて、答えます。民がサウル王のもとを離れ、散り始めていたこと、ペリシテの勢力が迫っている状況であったことを挙げながら、「わたしはまだ主の恵みを求めることをしていないと思い、やむを得ず燔祭をささげました」と説明します（サムエル上一三・一二）。いかにも敬虔な態度のように聞こえます。しかし、要は、外面を取り繕いたかったのではないでしょうか。

危機的状況の中でサムエルの到着が遅く思われる中、人々の心はサウル王のもとから離れつつありました。「このままでは危険だ」という心が人々の中に生まれていました。何かしら自分のリーダーシップを回復し、人々の心を引き留めるための「形」が必要だと感じたのではないでしょうか。

私たちの歩みの中でも、同じ誘惑を感じる時があります。いまだ神の時ではないのに、焦りの心から、神様の指示も得ないまま、形だけ何とかしようとする誘惑があります。私たちは、神様と歩調を合わせる訓練を頂かなければなりません。神様抜きに、神様と共にあるような形だけ求めても役には立ちません。そればかりか、そのようにすることによって神様を静かに信頼することを遠ざけてしまいます。

三、神の命令を守らなかった王

自分の行動を弁明するサウル王に、サムエルは告げます。

「あなたは愚かなことをした。あなたは、あなたの神、主の命じられた命令を守らなかった。もし守ったならば、主は今あなたの王国を長くイスラエルの上に確保されたであろう。しかし今はあなたの王国は続かないであろう。（中略）あなたが主の命じられたことを守らなかったからである」。（サムエル上一三・一三、一四）

サムエルは、サウルの王国が続かないことを宣告します。その理由として、繰り返し語られたのは、

「主の命じられたことを守らなかった」ということでした。

サウルは、サムエルからその到着を待つように、また、サムエルが到着して供え物をささげ、サウルに対する指示を与えるまで待つようにと、確かに語られていました（サムエル上一〇・八）。しかし、サウルは待ち切れずに、その言葉に背きました。

サウルとしては、多くの理由がありました。サムエルの到着が遅い、ペリシテ人は圧迫してきている、イスラエルの人々は自分のもとから離れようとしている……。焦りもありました。形を取り繕おうとする人間的な思いもありました。彼としては、「やむを得ず」という思いだったでしょう。しかし、確かにサムエルを通して語られた神の命令に背いたのです。その結果、彼はサムエルより「あなたの王国は続かない」との宣告を受けます。

実はこの後、サウルはさらに神への不従順を重ねます。そこでは、次のような宣告さえ受けることになります。「そむくことは占いの罪に等しく、強情は偶像礼拝の罪に等しいからである。あなたが主のことばを捨てたので、主もまたあなたを捨てて、王の位から退けられた」（サムエル上一五・二三）。この言葉の通り、サウルは一代限りの王として退けられ、別の王が立てられることになります。

私たちも、神様に信頼しきれないで焦りの心を持つとき、不必要な行動を取り、不用意な発言をしやすいものです。さらには、神の明確な命令にさえ背いてしまうこともあり得ます。不従順は常に不信仰と裏表であって、神の祝福を遠ざけます。迫りくる様々な状況の中で、固く神様に信頼すること、ここに祝福の秘訣があります。

◇状況を変えようとして、焦って不用意な発言や行動を取ってしまったことがありますか。

◇サムエルは約束の期日に遅れたと思いますか。それとも間に合ったのでしょうか。

◇神のみわざを期待し、長く祈り待ち望んでいることがありますか。

第35章　主は心を見る　――ダビデ①　サムエル上一六・一―一三

さて主はサムエルに言われた、「わたしがすでにサウルを捨てて、イスラエルの王位から退けたのに、あなたはいつまで彼のために悲しむのか。角に油を満たし、それをもって行きなさい。あなたをベツレヘムびとエッサイのもとにつかわします。わたしはその子たちのうちにひとりの王を捜し得たからである」。（サムエル上一六・一）

サウルを王位から退けることをお決めになった神様は、彼に代わってイスラエルの民を治めるべき人物を、ベツレヘムびとエッサイの子らの中に見出されます。そして、彼に油を注がせるために、神様はサムエルをエッサイのもとに遣わします。

サムエルはベツレヘムで神様に犠牲をささげ、その場にエッサイと子どもたちを招きます。サムエルも、誰が王として選ばれた者であるのか、大きな関心をもってその場に臨んだことでしょう。しかし、神様が選ばれたのはサムエルにとっても意外な人物でした。エッサイの末の子、まだ年若いダビデに油が注がれたのです。神様がダビデを選ばれたのは、ダビデのどういうところを見られたからなのでしょうか。

一、人は外の顔かたちを見る

サムエルの前に、エッサイとその子たちがやってきました。その時、サムエルは、長男エリアブを見て、「自分の前にいるこの人こそ、主が油を注がれる人だ」と思いました。しかし、神様はサムエルにこう語られました。

顔かたちや身のたけを見てはならない。わたしはすでにその人を捨てた。（サムエル上一六・七）

神様がこう語られたのは、サムエルの判断がエリアブの顔かたちや身のたけを見ての判断だったからに違いありません。彼の顔かたちは、王になるにふさわしい、指導力のありそうなものであったのかもしれません。背たけもサウル王に似て、人一倍高かったのかもしれません。外見上、いかにも王になるにふさわしく見えたエリアブでしたが、彼は神様が選ばれた人ではありませんでした。サムエルの判断は間違っていたのです。

預言者サムエルでさえ、人の顔かたち、身のたけを見ての判断をしてしまいました。人間は、人の外側を見ます。人の内側にあるものを判断しようとするときにさえ、外側のものを見て判断するしかないのです。まさに、「人は外の顔かたちを見」るしかない存在です（サムエル上一六・七）。

そういう意味で、私たちが誰かを評価しようとするときには、慎重さが求められます。外側しか見ることのできない私たちの判断はいつも、「間違っているかもしれない」という留保つきにならざるを得ません。また、私たち自身に対する人の評価も、外側だけ見てのものであることを覚える必要があります。私たちを間違いなく正しく評価できる方は、神様だけです。ですから、この方の前にどう生きるかが大切です。

二、主は心を見る

さて、サムエルの内心の判断を退けられた神様は、サムエルに対して続いて次のように語られました。

わたしが見るところは人とは異なる。人は外の顔かたちを見、主は心を見る（サムエル上一六・七）

ここに、神様の判断基準、神様の判断の拠り所が明確に表されています。すなわち、神の評価は、私たちの心を見てなされるということです。

実際、エッサイの子たちが神様から見られたのも、外の顔かたちではなく、彼らの心でした。その結果、長男エリアブも、次男アビナダブも、三男シャンマも、そこに呼ばれた七人の子たち全員が、神様の選考から外れました。残されたのは、エッサイが公の席に出す年齢に達していないと考えた、末の子ダビデだけでした。彼はその時、羊の番をさせられていたのですが、サムエルに呼ばれ、サムエルの前に連れて来られました。その時、神様は、「立ってこれに油を注げ。これがその人である」と、サムエルに語られたのでした。

神様は、ダビデの心の中に何を見たのでしょうか。その後のダビデの行動を見れば、彼の心の中にあるものがどんなものであったか、推測することができます。神を愛する心、神様に信頼する心、神のためには危険をも犯す勇敢な心、人々に対する思いやりの心、純粋に神に従おうとする心など、それらは確かに、神の民を治める王にふさわしいものだったでしょう。親でさえ十分には見ることができなかったそのようなダビデの心を、神様は見抜いておられました。

三、試みの期間

さて、この時サムエルから王としての油注ぎを受けたダビデでしたが、実際に王位につくのには多くの年月を経なければなりませんでした。その間には、サウル王の妬みを受けての長い逃亡生活もありました。その中で、彼はただ神様を信頼しながら、荒野をさ迷うしかありませんでした。

「試みる」とは、「心を見る」に通じると言われます。試みの期間を通して、彼は神様に対しても、人に対しても、忠実、真実、公正であり続けました。その振る舞いはまさに、神様が王に選んだ人物にふさわしいものだったと言えます。神様は、彼の中に隠されていたそのような性質を全部ご存知であったからこそ、ダビデを王として選ばれたことでしょう。しかし、同時に、ダビデは長い試練の期間を通して、神様に選ばれるにふさわしい信仰と品性を持っていることを証明することができたと言えます。あるいは、それらの期間は、神様には見えていたダビデの心の内側が、人々の目にも明らかになるために必要な期間だったと言えるかもしれません。

「主は心を見る」。神様は、私たちの心の内側をご覧になります。この方の前に、心きよめられ、神様に用いられやすい者として頂きましょう。

◇　人を外見で判断して失敗したことがありますか。

◇　ダビデの生涯を見るとき、神様がダビデを王として選ばれたのは、ダビデの心のどういうところを見たからだと思いますか。

◇　心を見られる神様に、自分のどういうところを変えて頂きたいと思いますか。

第36章　挑戦に応える勇気　――ダビデ②

サムエル上一七・四―一一、二四―二七、四五―四九

ダビデがサムエルから油を注がれてしばらくのことです。ペリシテの軍隊がイスラエルに近づき、両方の軍が対峙しました。その中から、身のたけ六キュビト半（三メートル弱）の巨人ゴリアテが出てきて、イスラエルの戦列に向かい、一騎討ちの戦いを挑みました。

「わたしは、きょうイスラエルの戦列にいどむ。ひとりを出して、わたしと戦わせよ」。（サムエル上一七・一〇）

この挑戦に対して、サウル王はじめ、イスラエルの人々は恐れをなし、挑戦に応えようとする者は誰もいませんでした。唯一この挑戦に応えたのが、まだ年少であったダビデでした。ダビデは一人ゴリアテに向かい、石投げによって彼を打倒します。そのことがペリシテ軍に対するイスラエルの大勝

利につながります。

現代、信仰者はこの世から同様の挑戦を受けてはいないでしょうか。「教会は力がないではないか。このような状況を変えるべく、戦いを挑む者があるのか」と。挑戦に応えるためには勇気が必要です。ダビデが示した勇気の源泉がどこにあったのかを学びながら、聞こえてくる挑戦の声に私たちも応えうるのか、考えてみましょう。

一、神への愛から生れた勇気

ダビデがゴリアテの挑戦に応えようとした動機はどこにあるでしょうか。四〇日間、ゴリアテの挑戦は続きました。そこに、戦列に加わっていた兄たちの安否を伺うため、エッサイに遣わされたダビデがやってきました。ちょうどその時、ゴリアテが出てきて、これまで同様に挑戦の言葉を語りました。ダビデはこれを聞いたとき、周囲の人々にこう語りました。

「このペリシテびとを殺し、イスラエルの恥をすすぐ人には、どうされるのですか。この割礼なきペリシテびとは何者なので、生ける神の軍をいどむのか」。（サムエル上一七・二六）

「イスラエルの恥」、「生ける神の軍」、これらの言葉には、神の民イスラエルに対する並々ならぬ関心が表されています。それは、神の民への愛と言ってもよいものでした。そして、それは、究極的には彼の神様への愛から出てきたものと言えるでしょう。

ゴリアテの挑戦の声に対して、他の人々は押し黙り、沈黙をもって応えました。しかし、ダビデにとっては、黙っておれないという心境でした。神様を愛し、神の民イスラエルを愛していたダビデにとって、ゴリアテの挑戦に誰も応じようとしない状況は、我慢がならないものだったのでしょう。「しもべが行ってあのペリシテびとと戦いましょう」との申し出につながりました（サムエル上一七・三二）。

二、実践的信仰による勇気

ダビデの勇気は、単なる無謀ではありませんでした。彼の経験に基づく、実践的な信仰から生れた勇気でした。年少であることを理由に、ダビデをとどめようとするサウル王に、ダビデは答えました。

しもべはすでに、ししとくまを殺しました。この割礼なきペリシテびとも、生ける神の軍をいどんだのですから、あの獣の一頭のようになるでしょう（中略）ししのつめ、くまのつめからわたしを救い出された主は、またわたしを、このペリシテびとの手から救い出されるでしょう

（サムエル上一七・三六、三七）

羊飼いとしての生活の中、ししやくまとの格闘において、彼は神による助けと勝利を経験していました。この時の信仰を巨人ゴリアテにも適用させることによって、彼は勝利を確信していました。大きな戦いに挑む勇気は、小さな戦いへの勝利の経験から生まれます。日々の小さな誘惑に対して明確な勝利を持つこと。日々、人の目につかないところで、献身の生活を継続させること。主を証しする小さなわざを忠実に行い続けること。これらの生活なしに、大きな戦いに挑む信仰は生まれません。日々の生活を通して、実践的な勝利の信仰を培いたいものです。

三、徹底的信仰による勇気

いくさ衣に慣れないダビデは、それらのものなしに、石五個と石投げを取り、ゴリアテに近づきます。あざ笑うゴリアテに対し、ダビデは答えます。

「おまえはつるぎと、やりと、投げやりを持って、わたしに向かってくるが、わたしは万軍の主の名、すなわち、おまえがいどんだ、イスラエルの軍の神の名によって、おまえに立ち向かう。（中略）またこの全会衆も、主は救を施すのに、つるぎとやりを用いられないことを知るだろう。この戦いは主の戦いであって、主がわれわれの手におまえたちを渡されるからである」。（サムエル上一七・四五、四七）

ここに、ダビデの勇気の源泉がどこにあるかが、明確に表れています。彼の勇気は、自分の持つ武器から生まれたものではありませんでした。また、単に過去の経験によるというのでもありませんでした。彼の勇気は、ただ生ける神に対する信仰から生まれたものでした。徹底的に神様にだけ信頼する信仰によって、彼はゴリアテの挑戦に応えることができました。

私たちが世からの挑戦に対して、もし自分の知恵や経験、力によって応えようとするなら、それはいつしか挫折に至ることでしょう。自分が拠り所にしようとするものと、挑戦を突き付けてくる現実の厳しさを比較するなら、現実の方が大きく見えるに違いありません。早晩、私たちの勇気は萎え、挑戦に応えることは無謀だとの結論に至ることでしょう。

もし私たちが厳しい現実を前にして挑戦に応える勇気を持つことができるとすれば、私たちの小さな知恵や経験、力に頼ることはできません。私たちが他の何物にもよらず、ただ生ける神様だけを当てにして立ち上がるとき、またその時だけ、挑戦に応える勇気を持つことができます。なぜなら、厳しい現実が私たちの前にいかに大きく立ちはだかるとしても、神様は何物にもまさってはるかに偉大なお方だからです。

少年ダビデは、大男の挑戦に応え、立ち上がりました。現代の私たちも、数々の挑戦に対して信仰をもって応え、立ち上がりたいものです。

◇「現代の教会が受けている挑戦」は、どんなものだと思いますか。
◇ゴリアテを前にしたダビデが持たなかったものは何でしょうか。また、持っていたものは何でしょうか。
◇教会に対する現代の挑戦に応えるために、あなたが今なすべきことは何だと思いますか。

第37章　罪の侵入　――ダビデ③　サムエル下一一・一―五、一二・九―一四

長い試練の期間の後、王となったダビデは、周囲の国々との戦いに勝利をもたらし、国内には比較的安定した時期が訪れました。これからダビデ王のもとで、イスラエルの国はいよいよ堅固になっていくように思われました。しかし、そのような時期に、人目につかない所で悲劇が起りました。それは、ダビデのプライベートな問題から始まりました。しかし、やがてはそのことが、彼の生涯ばかりか国全体にまで大きな影響を及ぼすことになったのです。

「罪」の問題は、常に人目につかない所から始まります。しかし、その影響は時間と共に大きくなり、自分自身と周囲とに及んでいきます。この問題について正しくわきまえ、正しく取り扱う必要があります。ダビデの経験を通して、この問題への理解を深めましょう。

一、罪の侵入

その時も周囲の国々との戦いは継続されていました。しかし、これまでと違っていたのは、ダビデが身を置いていた場所でした。常に戦いの先頭を切っていたダビデが、この時はどういう訳かエルサレムにとどまっていました。「部下に任せておけばよい」との判断だったでしょうか。あるいは部下のほうから、万一のことを考えての進言があったのかもしれません。しかし、戦いの前線から退いたところでその出来事は起りました。

さて、ある日の夕暮、ダビデは床から起き出て、王の家の屋上を歩いていたが、屋上から、ひとりの女がからだを洗っているのを見た。（サムエル下一一・二）

夕方、昼寝から起き上がり、王の家の屋上を歩いていた時のことでした。一人の美しい女性が体を洗っているのが目に入りました。この時、ダビデがその場面から目を背け、自分の心を守っていたならば、何の問題も起こらなかったはずです。しかし、ダビデの心は、その女性に惹きつけられ、捕えられてしまいました。彼女はヘテびとウリヤの妻バテシバだと分かりました。ウリヤは軍人であり、その時も戦いに出ているはずでした。ダビデはバテシバのもとに使者を遣わし、彼女を自分の所に連れて来させ、彼女との関係を持ったのでした。

当時、絶対的な権力を持っていた王として、事は容易でした。また、他の国々の王であれば、よくあることでさえあったでしょう。しかし、ダビデは神を信じ、従ってきた信仰者でした。そのようなことが、神の戒めに背くことであることは分かっていたはずです。しかし、彼の慢心した心は、恐ろしい罪の侵入を安々と許してしまいました。

どのような信仰者にも、罪の誘惑は訪れます。罪の誘惑がないと考えることはむしろ危険なことです。問題は、罪の誘惑が訪れたとき、その罪が内側に入って来ることを許すかどうかです。ルターが語ったとされる言葉ですが、まさに「鳥が頭の上を飛び回るのを避けることはできないが、鳥が頭に巣を作るのは避けることができる」のです。

二、罪の拡大

さて、やがてダビデのもとに、バテシバから一つの恐ろしい知らせが届きます。彼女が妊娠したというのです。このことは、ダビデを慌てさせました。「一回だけのこと」として闇に葬ろうとしたことが、人々の目に明らかになってしまう恐れがありました。彼は考えを巡らせ、部下であるウリヤを戦場から呼び戻しました。ウリヤが夜、夫婦の関係を持てば、子どもが生まれてもごまかせると考えたのです。

ところが、事はそう都合よく運びませんでした。忠臣な軍人であるウリヤは、上司や仲間たちが野で陣をはっている中、自分だけが家に帰るようなことはできないというのです。困り果てたダビデは、将軍ヨアブに手紙を書きます。「ウリヤを激しい戦いの最前線に出し、彼の後から退いて、彼を討ち死にさせよ」。手紙はウリヤの手に託され、ヨアブのもとに届けられます。ヨアブはダビデの指示通りにし、ウリヤは戦死します。バテシバは、ウリヤのために嘆き悲しみます。しかし、喪が過ぎたとき、ダビデは彼女を召し入れます。こうして、バテシバは彼の妻として子を産むのです。

彼の罪は今度こそ闇に葬り去られたように思われました。しかし、神様はすべてを見ておられました。バテシバとの関係をもったことは明白な姦淫の罪でした。そして、そのことを隠そうとしてウリヤを討ち死にさせたことは、人殺しの罪に他なりませんでした。一つの罪を隠そうとして、彼はいつの間にかさらに大きな罪を犯してしまいました。

「その罪を隠す者は栄えることがない、言い表してこれを離れる者は、あわれみを受ける。」（箴言二八・一三）罪を犯してしまったとき、それを正直に認めることは、時には不可能にさえ思われるかもしれません。しかし、罪をごまかそうとすることは、事態を悪化させるだけです。むしろ、罪の深みに陥る危険性もあるのです。罪に気づいたとき、私たちは正しい道を選ばなければなりません。「言い表してこれを離れる」という道です。

三、罪の告白

どうしてあなたは主の言葉を軽んじ、その目の前に悪事をおこなったのですか。あなたはつるぎをもってヘテびとウリヤを殺し、その妻をとって自分の妻とした。すなわちアンモンの人々のつるぎをもって彼を殺した。（サムエル下一二・九）

神様は、預言者ナタンを通してダビデを糾弾します。これによって、ダビデの目が覚めます。自分のしてきたことがどんなに恐ろしい罪であったかに気づきます。この時の預言者ナタンへの答えは、恐らく絞り出すようにして語られたのではないでしょうか。

「わたしは主に罪をおかしました」。（サムエル下一二・一三）

その次の瞬間、預言者が語った言葉は驚くべきものでした。

主もまたあなたの罪を除かれました。（サムエル下一二・一三）

神様は彼の罪を赦されたのです。もちろん、その後のダビデの生涯を見ると、彼の罪の結果、多くの災いが彼の生涯に及んだのを知ることができます。ダビデは自分の罪の報いを受けなければなりませんでした。しかし、彼が罪を認め、神の前に率直に言い表したとき、神様は彼の罪を赦し、神との関係が回復されたのでした。

罪から守られ、神との関係を損なうことがなければ、それが一番のことです。しかし、もし私たちが罪を犯してしまったならば、罪をごまかすことは事態をより複雑にし、悪化させるだけです。神様との関係を回復させる唯一の道は、神の前に罪を率直に言い表し、これを離れること、そのようにして犯した罪を赦して頂くことです。

◇ 小さな失敗をごまかそうとして、より大きな困難に陥ったことがありますか。
◇ ダビデが犯した罪の要因は、どんなところにあると思いますか。
◇ 神様の前に告白すべき罪がありますか。また、今後、罪から守られるために、必要なことは何だと思いますか。

第38章　ソロモンの求め　――ソロモン①　列王上三・三―一五

ダビデの後を継いで王位に就いたのは、息子のソロモンでした。彼は、神様を愛する人であり、王位に就いて早々に、神様に一千の動物を供え物としてささげました。その夜、神様が夢の中でソロモンに現われ、こう尋ねられました。

「あなたに何を与えようか、求めなさい」。（列王上三・五）

私たちの生涯において大切な問題が二つあります。誰に求めるかということと、何を求めるかということです。私たちの人生にとって大切なものを祈る求めることができる、生けるまことの神様を知っているなら幸いです。同時に、その神様に何を求めて生きるかということも、大切な問題です。私たちが何を求めて生きているかが、私たちの生き方全体を決めると言ってもよいでしょう。

ソロモンはその時、神様にどのような求めをしたでしょうか。

一、知恵を求めた

第一に、ソロモンは知恵を求めました。

それゆえ、聞きわける心をしもべに与えて、あなたの民をさばかせ、わたしに善悪をわきまえることを得させてください。（列王上三・九）

情報社会と呼ばれる現代、人々はより多くの知識を求める傾向があります。しかし、むしろ必要なのは、知識を適切に用いることができる知恵ではないでしょうか。ソロモンは、「聞きわける心」と言いました。人が語る言葉や伝えられた情報の裏にあるものを、正確に読み取る知恵が大切です。また、「善悪をわきまえること」と言いましたが、与えられた情報をもとに、これからどうしたらよいのか、良い道、間違った道を正しく判断する知恵が必要です。知恵とは、与えられた情報をもとに正しく状況を判断し、どうすればよいかを見極める力と言うことができます。ソロモンは、この知恵を求めました。

ソロモンが夢を見た直後のことです。二人の女性が王のもとに来ました。彼女たちは、同じ一つ屋根の下で暮らしていました。二人とも子どもが与えられたのですが、ある時、子どもたちのうちの一人が親の体の重みで死んでしまったというのです。ところが、二人共に、死んだのは相手の子どもで、生きているのが自分の子だと主張しました。

一方の情報が正しく、一方の情報が偽りであることは明らかでした。ソロモンはどうしたでしょうか。部下に剣を持たせ、生きている子を二つに分けて、二人の母親に分け与えるようにと命じたのです。本当の母親は、この命令に心が焼けるようでした。自分の主張を取り下げ、子どもを相手に引き渡すことを認めました。そして、子どもを決して殺さないでほしいと、王に願いました。ところが、もう一人は、王のご命令の通りにしてほしいと答えたのでした。この時、王は、子どもを生かすことを求めた女性を本当の母親と認めました。

日本では大岡越前守のエピソードとして知られる話ですが、旧約聖書のこのエピソードがもとになっているものと思われます。いずれにしても、人の心の機微を踏まえつつ真偽を明らかにする方法を即座に見出した知恵は、確かに神様がソロモンにお与えになったものでした。

新約聖書にも次のような言葉があります。「あなたがたのうち、知恵に不足している者があれば、その人は、とがめもせずに惜しみなくすべての人に与える神に、願い求めるがよい。そうすれば、与えられるであろう。」（ヤコブ一・五）知恵は私たちが神様に求めるべき大切なものと言えるでしょう。

二、神からの使命を果たす力を求めた

第二に、ソロモンはその知恵を、神からの使命を果たす力として求めました。

わが神、主よ、あなたはこのしもべを、わたしの父ダビデに代って王とならせられました。しかし、わたしは小さい子供であって、出入りすることを知りません。かつ、しもべはあなたが選ばれた、あなたの民、すなわちその数が多くて、数えることも、調べることもできないほどのおびただしい民の中におります。（列王上三・七、八）

彼は、イスラエルの民の王とされたことがどんなに重い責任であるかを自覚していました。そして、そのために必要な知恵が自分に欠けていることを知っていました。ですから、彼は神様から与えられた大きな使命を果たすために知恵を求めました。

このような求めに対して、神様はソロモンに次のように答えられました。

あなたはこの事を求めて、自分のために長命を求めず、また自分のために富を求めず、また自分の敵の命をも求めず、ただ訴えをききわける知恵を求めたゆえに、見よ、わたしはあなたの

言葉にしたがって、賢い、英明な心を与える。（列王上三・一一、一二）

ポイントの一つは、そのソロモンの求めが「自分のため」ではなかった点にあります。ソロモンはただ自分の利益を求めたのではなく、神様から与えられた大きな使命のために知恵を求めました。私たち一人ひとりは、神様から何らかの使命を与えられています。それがどんなものであるかをまず知らせて頂きましょう。そして、その使命を十分果たすことができるよう祈り求めるなら、神様は必要に応じてその力を与えてくださいます。

三、神の御心にかなう求めをした

ソロモンはこの事を求めたので、そのことが主のみこころにかなった。（列王上三・一〇）

最終的に、ソロモンの求めは神の御心にかなうものでした。私たちが祈り求めるとき、その求めが神の御心にかなうなら、神様は必ずその求めに答えて、求めるものを与えてくださいます。「わたしたちが神に対していだいている確信は、こうである。すなわち、わたしたちが何事でも神の御旨に従って願い求めるなら、神はそれを聞きいれて下さるということである。」（第一ヨハネ五・一四）

神様は、「とがめもせずに惜しみなくすべての人に与える神」です（ヤコブ一・五）。ソロモンが神の御心にかなう求めをしたとき、ソロモンが求めなかったものさえ与えられました（列王上三・一三）。私たちも神の御心にかなう求めをもって、神様に近づきたいものです。

◇神様が「何を与えようか、求めなさい」と語られたとしたら、まずどんな求めが心に浮かびますか。
◇ソロモンはこの時、なぜ神様に知恵を求めたのでしょうか。
◇今回の学びを踏まえた上で、あなたは、今後どのような求めを神様に申し上げたいですか。

第39章　ソロモンの心変わり

——ソロモン②　列王上一一・一—一三

父ダビデ王の跡を継いだソロモンは、神様から与えられた知恵によってイスラエル王国を治めました。周囲の国々とも友好な関係を結び、神殿建築の偉業をなしとげ、国内統治においても万全の態勢を取ることができました。ソロモン王のもとで王国は堅固になり、先行きには何の心配もないように思われました。

しかし、実際にはソロモン王の息子の代には、王国が二分する事態が起きてしまいます。何があったのでしょうか。実は、神様を愛し敬っていたはずのソロモン王の心の中に、徐々にではありましたが変化が起こっていました。列王紀上一一章には、「心を転じ」といった言葉が繰り返されています（二、三、四、九節）。神様に向いていたはずの彼の心が、いつしか変わってしまったのです。

ソロモンの心が変わり、最後には神様に背いてしまうその経緯を学びながら、私たちも自分の心の状態に注意を払う必要があるでしょう。

一、外国の女性を愛した

ソロモン王は多くの外国の女を愛した。(列王上一一・一)

ソロモンの過ちの原因は、彼の結婚生活にありました。彼は、当時の多くの王がそうであったように、多くの妻を持ちました。特に問題だったのは、彼が外国の女性たちを愛したことでした。異国の女性が問題であるというよりも、彼女たちが異教の神々への信仰を王国にもたらし、ソロモンの心を転じさせる可能性があったことが問題でした。

神様は、イスラエルの民がエジプトから脱出したときから、このことについて警告をしておられました(二節、出エジプト三四・一一〜一六)。しかし、ソロモンはその警告を無視し、多くの外国の女性たちを愛して離れませんでした。生涯の初期、「ソロモンは彼らを愛して離れなかった」(列王上一一・二)ということと、晩年、「ソロモンの心が転じて、イスラエルの神、主を離れた」(列王上一一・九)ということとは一直線に結びついています。

偶像のことを英語でアイドルと言いますが、この言葉は現代、多くの人々の心を惹きつけてやまない、魅力的な人々をさします。もちろん、そのような人々以外にも私たちは多くのものに関心を持ち、魅力を感じます。知識や名誉、富や権力、芸術から趣味に至るまで、様々です。これらのものは、それ自体悪い物ではありません。しかし、私たちが自分の心をよく調べ、何が自分の心を惹きつけているかに注意を払うことは大切です。なぜなら、それらのものが、私たちの心の中で「アイドル」、すなわちまことの神様以上に大切な存在となってしまう危険性が常にあるからです。

二、年老いたとき心が転じた

ダビデの場合、過ちは突然やってきました。しかし、ソロモンの場合、過ちは徐々にやってきました。彼は、その統治の始めから、異国の女性との関わりを持ちました（列王上三・一）。最初、彼自身の中には、神様への純粋な愛があったはずでした。異国人の妻たちには異国の神々への信仰を許容していたでしょうが、自分自身の中では、これらの信仰に対して一線を引いていたことでしょう。彼は長い間、そのようなグレーゾーンに身を置き続けました。しかし、ある一線を超える瞬間が来ました。それは、彼が年老いた時に訪れたようです。

ソロモンが年老いた時、その妻たちが彼の心を転じて他の神々に従わせたので、彼の心は父ダビデの心のようには、その神、主に真実でなかった。（列王上一一・四）

彼は、異国の神々に従いました（五節）。それは、異国の神々への礼拝に、彼もまた加わったことを意味したのかもしれません。また、モアブ人の神ケモシや、アンモン人の神モレク、その他、妻たちの国々の神々のために、礼拝所を築きました（七、八節）。まことの神様への信仰を捨てたわけではありませんが、その愛を踏みにじる行為に一歩足を踏み入れ、やがてはそれらの中に沈み込んでいったのでした。それらの過程のどこかに、「ソロモンの心が転じて、イスラエルの神、主を離れた」と言われるような瞬間があったのでしょう（列王上一一・九）。

私たちの信仰生活の中にも、そのような危機の時が訪れる時があります。長い間グレーゾーンをさまよっている間に、いつしか決定的瞬間を迎えてしまうのです。

神様は憐みの神です。早い時期にソロモンが悔い改めて、異国の妻たちを遠ざけ、異国の神々を遠ざけていれば、事は全く違った展開になったことでしょう。決定的瞬間が訪れる前に、神様のほうに心を向け直し、悔い改めて再出発するなら、神様は私たちを再び祝福の道へと導き返してくださいます。

三、警告を無視した

すなわち主がかつて二度彼に現れ、この事について彼に、他の神々に従ってはならないと命じ

られたのに、彼は主の命じられたことを守らなかったからである。（列王上一一・九、一〇）

ソロモンは、「他の神々に従ってはならない」との警告を二度受けていました（列王上三・一四、九・六、七）。にもかかわらず、彼は神様の定めに背き、偶像礼拝に加担してしまいました。その結果は悲惨でした。

それゆえ、主はソロモンに言われた、「これがあなたの本心であり、わたしが命じた契約と定めとを守らなかったので、わたしは必ずあなたから国を裂き離して、それをあなたの家来に与える。しかしあなたの父ダビデのために、あなたの世にはそれをしないが、あなたの子の手からそれを裂き離す。ただし、わたしは国をことごとくは裂き離さず、わたしのしもべダビデのために、またわたしが選んだエルサレムのために一つの部族をあなたの子に与えるであろう」。（列王上一一・一一―一三）

ソロモンの代には、結果は表われてきませんでした。また、イスラエル十二部族のうち、ユダ部族はソロモンの子孫たちのもとに残されました。しかし、それは彼の父ダビデのゆえに、神様があわれんでくださってのことでした。最終的に王国は二分され、北方のイスラエル諸部族と南方のユダ部族とに分かれる結果となるのでした。

罪の結果が、すぐさま訪れないということはありえることです。しかし、遅かれ早かれ、その刈り取りをしなければならないことを、私たちは忘れてはなりません。

神様は私たちを愛し、私たちがいくつかの危険を経験しつつもそれらのものを乗り越え、常に心を神様に向け直して、真実な愛を貫くことを願っていてくださいます。私たちの生涯が、変わらない心で神を愛し、神様に仕え続ける生涯でありますように。

◇ 信仰生活を振り返って、神様に対する心変わりの危険性を感じたことがありますか。

◇ 私たちと神様との関係と夫婦の関係とを比較して、どんなところが似ているでしょうか。

◇ あなたが生涯、変わらない心で神様を愛し、神様に仕え続けるために、今特になすべきこと、心すべきことがあるでしょうか。

第40章　訓練の時　――エリヤ①　列王上一七・一―九

神様が直接イスラエルの国を治めるのとは異なり、イスラエルに王が立てられたことは、国に一つの課題をもたらすことになりました。すなわち、王が神の御心から外れた場合、神の御心に従うように忠告や警告を与える人が必要だということでした。この働きを担ったのが預言者たちでした。イザヤやエレミヤのように、預言書を残した預言者もいましたが、それ以外にも預言者はいました。その代表的な人物の一人がエリヤでした。

ソロモンの時代の後、イスラエル王国は二つに分かれました。その内、北王国イスラエルで活躍した預言者の一人がエリヤでした。特に、アハブ王の時代、民の中にバアルやアシラといった偶像への信仰が入り込んでいた頃、彼はその罪を指摘し、神の御心を伝えました。

ギレアデのテシベに住むテシベびとエリヤはアハブに言った、「わたしの仕える主は生きておられます。わたしの言葉のないうちは、数年雨も露もないでしょう」。（列王上一七・一）

これがエリヤの王に対する第一声でした。「数年雨も露もないでしょう」という言葉は驚くべき言葉でしたが、その通りになりました。それは、単に長期にわたる異常気象を予告する言葉である以上に、偶像礼拝に陥る国のあり方に対する裁きの宣告を意味しました。

アハブ王は自ら偶像礼拝に加担しており、偶像礼拝を批判する言葉を語ることにはリスクもありました。当時の王が持っていた絶対的な権力を考えれば、王に反対する声を挙げることは命の危険を伴うものだったと言えます。おそらくはそのためでもあったでしょう。王に対するこの第一声の後、エリヤには王様から身を隠す数年間が続きます。それはエリヤにとっては、預言者としての働きの訓練の時でもありました。

神様のために公に働きを始める前に、多くの人々からは隠れたところで訓練の時期を持つということは、モーセやダビデ等にも見られることです。私たちも神様のために働きたいという願いを持つなら、同じような訓練を覚悟する必要があるでしょう。エリヤが経験した訓練がどのようなものであったかを学びましょう。

一、従順の訓練

「ここを去って東におもむき、ヨルダンの東にあるケリテ川のほとりに身を隠しなさい。そしてその川の水を飲みなさい。わたしはからすに命じて、そこであなたを養わせよう」。エリヤは行って、主の言葉のとおりにした。(列王上一七・三―五)

アハブの前に預言者としての第一声を語った後、エリヤに与えられた神様の言葉は、ケリテ川のほとりに身を隠すようにとの命令でした。快適な住居があるわけではありません。目に見える所では、十分な食料を手に入れることも難しいような場所でした。しかし、彼は神の言葉に従いました。これは従順の訓練でした。

不自由な場所に見えましたが、その場所は人目につかず、アハブ王にも見つけられることのない安全な場所でした。神の言葉に従うことが最善であることをエリヤは身をもって経験しました。

二、信頼の訓練

従順のためには、神様への絶対的な信頼が必要です。従順の訓練は、同時に信頼の訓練でもあります。

神様は、エリヤを頼る物の少ない場所に導かれました。川のほとりですから、雨が降らない中でも、川の水を飲むことはできました。しかし、食物はどうしたらよいのでしょうか。しかし、神様はからすを用いてエリヤを養うと約束されました。そして、そのことは、約束通りに実行に移されました。

するとからすが朝ごとに彼の所にパンと肉を運び、また夕ごとにパンと肉を運んできた。（列王上一七・六）

その後、ケリテ川のほとりでの生活も終わる時が来ました。雨が降らない日々があまりにも長く続いたので、遂に川の水が枯れてしまいました。すると、神様は、エリヤをザレパテという町のやもめ女の所に遣わされました。彼女の家にあった食料は、かめに入った一握りの粉と、びんに入った少しの油だけでした。彼女はその時、最後の食事をした後、子供たちと共に死のうと、覚悟を決めていたところでした。しかし、神様はエリヤに、雨が降るまでの間、「かめの粉は尽きず、びんの油は絶えない」と告げられたのでした（列王上一七・一四）。この約束もまた、その言葉の通りになりました。雨が降るまでの期間、やもめ女の家族と共に、エリヤは養われ続けました。

目に見える所、明日の糧を手に入れる何の保証もない中、エリヤはただ神の約束の言葉に信頼し続けました。そのような日々の連続の中、約束の言葉を忠実に実行してくださる神様への信頼はいよいよ固くされました。

このような日々に、エリヤは、自分自身が語った次の言葉がどれ程真実なものか、体験的に知り、確認することができたのではないでしょうか。

わたしの仕えるイスラエルの神、主は生きておられます。（列王上一七・一）

三、祈りの訓練

神様への信頼を具体的に表わすものは、祈りです。エリヤが受けたもう一つの訓練は、祈りの訓練でした。

「わたしの言葉のないうちは、数年雨も露もないでしょう」とエリヤが語ったのは、神様に告げられた言葉をそのまま伝えたものでしょう。しかし、その後の数年間、エリヤはその言葉の通りであるよう祈り続けたことでしょう。

数年経ったある時、エリヤはカルメル山の頂きに登りました。彼はそこで、顔をひざの間に入れて、神様に祈りました。何度見ても空の様子には何の変化もありません。しかし、同じようなことを七回繰り返したとき、しもべは海の方に人の手ほどの小さな雲が起こっているのを見つけました。やがて、数年ぶりに雨が激しく降り出したのでした（列王上一八・四一－四五）。

雨をとどめることも、雨を再び降らすことも、神様が備え、なさったみわざでしたが、その中でエリヤの祈りを用いられたということは注目すべきことです。「エリヤは、わたしたちと同じ人間であったが、雨が降らないようにと祈をささげたところ、三年六か月のあいだ、地上に雨が降らなかった。それから、ふたたび祈ったところ、天は雨を降らせ、地はその実をみのらせた。」（ヤコブ五・一七、一八）

祈りは、神様への信頼の証しです。目に見える所、何の変化も起こらないように見える所で、祈り続けることは、信仰を必要とします。しかし、私たちが信仰をもって祈るところに、神様は大いなる栄光を現わしてくださいます。

私たちも神様に対する信頼と従順を訓練頂き、その実践としての祈りの訓練を頂きながら、神の働き人として整えて頂きましょう。

◇　今までの歩みの中で、神様から訓練を頂いたと思う時期がありますか。

◇　ケリテ川のほとりと、ザレパテの女の家とで、あった物となかった物とを確認しましょう。

◇　今、自分が一番必要としている訓練は、どのようなものだと思いますか。

第41章　決断の時　――エリヤ②　列王上一八・一七―二四

そのときエリヤはすべての民に近づいて言った、「あなたがたはいつまで二つのものの間に迷っているのですか。主が神ならばそれに従いなさい。しかしバアルが神ならば、それに従いなさい」。（列王上一八・二一）

時が来て、遂にエリヤはアハブ王とイスラエルの人々の前に姿を現わしました。そして、彼らに決断を迫りました。ヤーウェと呼ばれるお方が神なのか、バアルが神なのか、いつまでもあいまいな態度を続けるのでなく、態度を明確にするようにと迫りました。

聖書を通して神様のことを学びながらも、態度が定まらない場合があります。あちらの神様、こちらの宗教と、あちこちに顔を向けながら、自分自身の態度を明確にできないでいることがあります。あるいは、聖書の神様を信じながらも、他のものにも心惹かれ、いずれに従っていくべきか迷う場合もあります。しかし、生けるまことの神、主は、いつまでもそのような態度でいることを喜ばれません。私たちは、どこかで自分の態度を明確にする必要があります。

エリヤが示したまことの神様の姿を学びながら、私たちもまた明確な決断をもって、この方にお従いしたいものです。

一、罪を裁く神

アハブ王がエリヤに再会した時の言葉はこのようなものでした。「イスラエルを悩ます者よ、あなたはここにいるのですか」（列王上一八・一七）。雨が降らなくなったのは、ただ預言者エリヤのゆえであって、彼こそがイスラエルを悩ます者だと、王は考えました。これに対して、エリヤはこう答えました。

わたしがイスラエルを悩ますのではありません。あなたと、あなたの父の家が悩ましたのです。あなたがたが主の命令を捨て、バアルに従ったためです。（列王上一八・一八）

人は時として同じような過ちを犯すことがあります。神様が人の罪を裁かれるのを見て、「神は自分たちを悩ます」と考えます。しかし、自分自身が罪を犯している故に、神様がそうなさったかもしれないとは考えません。

アハブ王がイスラエルの国にもたらしたバアル信仰やアシラ信仰は、もともとカナン人の宗教で、神様が早くから禁じられていたものでした（出エジプト三四・一一―一三）。これらの神々は、農作物の収穫をもたらすとされました。バアルは男神、アシラは女神で、これらの信仰がイスラエルの民の中に神殿男娼、神殿娼婦をもたらす要因にもなっていきました（列王下二三・七）。

恐るべき罪を犯しながら、罪の自覚がなかった王や民に対して、神様は罪の裁きを示し、悔い改めへと招いておられました。王は、そこに目を向け、悔い改めをもって神に立ち返るべきでした。

私たちもまた、自らの罪の自覚に乏しい場合があります。しかし、神様は時に応じて罪に対する裁きを示し、警告を与えてくださいます。その意味でも、この方は生ける神様なのです。

二、祈りに応える神

人々に決断を迫ったエリヤは、一つの提案をします。バアルの預言者四百五十人をカルメル山に集めさせ、対決を迫ったのです。それは、各自一頭の牛を用意し、たきぎの上に載せ、それぞれの神の名を呼ぶというものでした。

こうしてあなたがたはあなたがたの神の名を呼びなさい。わたしは主の名を呼びましょう。そして火をもって答える神を神としましょう（列王上一八・二四）

「本当の神様は生きておられる神様である。生きておられる神様は、われらの祈りに応えるはずだ」ということでしょう。人々はエリヤの提案をよしとしました。

最初に、バアルの預言者たちから始めました。彼らは、朝から昼まで「バアルよ、答えてくださ い」と叫び続けました。エリヤは尋ねました。「彼は考えにふけっているのか、よそへ行ったのか、旅に出たのか、または眠っていて起されなければならないのか」。大声を挙げ、踊りまわり、最後には刀とやりで自分たちの身を傷つけ始めましたが、なんの答えもありませんでした。

生きていない神、人間が勝手に考え出した神は、祈りに答えることのできない神です。彼らはその事実に直面しつつありました。

三、奇跡を行なう神

さて、いよいよエリヤの番となりました。彼は主の名によって祭壇を築き、その周りにみぞを造りました。祭壇にたきぎを並べ、牛を切り裂き、たきぎの上に載せました。それから彼が取った行動は、人々を驚かせました。四つのかめに水を満たし、それをたきぎの上に注がせたのです。しかも、それを二度ならず、三度までしました。

乾燥した木々の間から自然発火することは、時には起こりえることです。しかし、そのような可能性をなくすエリヤの行動は、人々の目を釘づけにしました。ここで火が生じるとしたら、それは奇跡でしかないことが明らかでした。

夕方になり、エリヤはこう神様に祈りました。

主よ、この民にあなたが神であること……を知らせてください（列王上一八・三七）

この時、天から火がくだり、牛とたきぎ、石やちり、みぞの水までをなめ尽くしました。それを見た人々は、ひれ伏し叫びました。「主が神である。主が神である」。

天地を造られた神様は、奇跡を行なわれる方です。聖書にはそのような奇跡の数々が記されています。今でも、私たちは奇跡を行なわれる神様を信じて、祈ることができます。

神様が行なわれる奇跡は様々です。しかし、最も大きな奇跡は、身近な所にあるのかもしれません。たとえば、人々を作り変える聖霊の働きもその一つでしょう。人間は、変わらない存在です。自分で自分を変えようとしても、変えることができないのが人間です。そのような私たちが、もし聖霊の火によってきよめられ、つくり変えられたならば、それこそ奇跡です。神様は確かにそのような奇跡を今でも行なっておられます。

私たちは決断を迫られています。どっちつかずの態度を捨て、生きておられる神様、祈りに応え、奇跡を行なわれる神様の前に、ひれ伏し、信仰を明確に言い表し、お従いしてまいりましょう。

◇自分の信仰姿勢を明確にすることに対して、躊躇を覚える時がありますか。

◇カルメル山での対決前後のイスラエルの人々の心は、どのようなものだったと思いますか。

◇「あなたがたはいつまで二つのものの間に迷っているのですか」との神様からの問いかけに、どうお応えしたいですか。

第42章　回復の時

――エリヤ③　列王上一九・一―一八

カルメル山上、バアルの預言者たちとの対決で大勝利を収めたエリヤですが、その後意外な展開を見せます。アハブ王が妻イゼベルに事の次第を告げると、彼女はエリヤを一両日中に殺すとの通告をエリヤに伝えます。この時、エリヤは恐れに満たされ、自分の命を救うため逃げ出します。そして、ベエルシバまで来たとき遂に絶望を感じ、神様に自らの死を求め、こう祈るのです。

「主よ、もはや、じゅうぶんです。今わたしの命を取ってください。わたしは先祖にまさる者ではありません」。（列王上一九・四）

四百五十人のバアルの預言者を向こうに回し、一人主の預言者として立ち上った信仰の勇者エリヤの姿はどこに消えたのでしょうか。あるいは、大きな勝利の故、どこかに慢心があったのかもしれません。「先祖にまさる者ではありません」との言葉は、裏を返せば、「自分は偉大な先祖たちに比べられるような働きをしている」との考えを示唆してはいないでしょうか。慢心は人を自分自身に目を向けさせ、神様への信頼から引き離します。この時のエリヤには、祈りによって事を解決する道は思い至らず、自分の命を救うため、ただ逃げ出すことしか考えられなかったようです。

この時期は、エリヤの生涯において危機的な時であったと言えます。しかし、このような危機的状況の中で、神様はエリヤを回復へと導かれます。私たちにも時として信仰の危機が襲いかかります。そのような中で、神様は私たちをどのように回復させてくださるでしょうか。

一、肉体的回復

起きて見ると、頭のそばに、焼け石の上で焼いたパン一個と、一びんの水があった。彼は食べ、かつ飲んでまた寝た。(列王上一九・六)

絶望のうちに木の下で眠り込んでしまったエリヤを、天使がさわって起こしました。エリヤが見ると、焼け石で焼いたパン一個と、一びんの水がありました。空腹であったエリヤは、それを食べ、また眠り込みます。天使は再び、彼を起こし言います。「起きて食べなさい。道が遠くて耐えられないでしょうから」。彼は再び起きて食べ、飲み、その食物によって力づけられ、さらに四十日の道のりを進んで、神の山ホレブにまで至ることができました。

神様は、私たちが弱い肉体を持つ存在であることをよくご存じです。私たちの肉体的な必要を無視して、精神的、霊的な面だけを問題になさる方ではありません。肉体的に限界を持った存在である私たちに対して、必要な糧を与え、力づけてくださる方です。

精神的、霊的に行き詰った場合、神のあわれみの御手によりすがり、環境を変えて頂いたり、肉体的にリフレッシュすることができるような機会を求めたりすることは、決して不信仰なことではありません。霊的な事柄に限らず、物質的、肉体的な面まで含めて、私たちのすべての必要を顧みていてくださる神様の豊かな恵みを覚えましょう。

二、霊的回復

しかしながら、信仰者にとって真の回復が霊的な回復なしにはありえないこともまた事実です。神の山ホレブにまで至り、ほら穴に入り込んだエリヤは、そこで神様の声を聞きます。「エリヤよ、あなたはここで何をしているのか」。問いかけに応じて、エリヤは自分が置かれている状況を率直に神様に訴えます。熱心に神に従い、戦ってきた自分であるが、ただ一人残った主の預言者として命を狙われているのだと。その時、神様は「出て、山の上で主の前に、立ちなさい」と言われます。ほら穴から出たエリヤの前で、様々な現象が起こります。山を裂き、岩をも砕くような大きな強い風、地震、また火が起こります。しかし、そのいずれの中にも、「主はおられなかった」と記されます（列王上一九・一一、一二）。その後に、エリヤの耳に聞こえてきたものがありました。

火の後に、静かな細い声が聞えた。（列王上一九・一二）

「静かな細い声」、これこそがエリヤの必要としていたものでした。これこそが、エリヤを内側から真に回復させるものでした。

私たちは霊的な回復のために、何か大きな出来事、心躍らせる意外な現象が起これば、と考えます。しかし、私たちが真に必要としているのは、神様の静かな細い声です。これさえ聞くことができれば、私たちは立ち上ることができます。目に見える困難や課題にだけ目を捕らわれ、望みを失ってしまうのでなく、私たちを愛し、語りかけ、導いていてくださる神様をもう一度見出すことができるのです。

三、正しい見方の回復

霊的回復が与えられれば、私たちを取り囲む現状や課題についても、新しい見方ができるようになります。「エリヤよ、あなたはここで何をしているのか」と、再び尋ねられたエリヤは、再度同じように神様にお答えします。自分は、熱心に神様に従ってきたのであること、しかし、主の預言者として一人残されたのであること、残った自分さえ命が狙われているのであることを、同じように告げます。しかし、実はこのような見方の中に、間違った物の見方が入り込んでいることに、エリヤは気づきませんでした。

彼の言葉の中では、熱心な自分だけが見えていました。ここまでの戦いの中で支え、用いて来られた神様の姿はかき消されています。その結果、現在も続いているはずの神の働きが見えなくなっていました。熱心に働いてきた自分だけが残されていると、思い込んでしまっていました。

神様は、エリヤの働きを継承し、彼を支える多くの人々の存在を告げられます。まず、神様はエリヤに命じて、スリヤの王となるべきハザエルに油を注がせます。彼は神様に背いたイスラエルを攻め討つ存在となります。また、アハブ王の血統を断ち、替わってイスラエルの王となるべきエヒウに油を注がせます。また、エリヤ自身の後継者として、エリシャに油を注がせます。

また、わたしはイスラエルのうちに七千人を残すであろう。皆バアルにひざをかがめず、それに口づけしない者である（列王上一九・一八）

さらに、神様は、イスラエルの内にバアルにひざをかがめない七千人が残されていることをエリヤに告げます。エリヤは、自分がただ一人残された主の預言者であると繰り返していましたが、それは間違った見方であったことが明らかにされます（列王上一九・一五―一八）。

私たちは、生きて働いておられる神様を見失うとき、目に見える所にだけ心を奪われ、望みを持って進むことを放棄したくなることがあります。しかし、そのような私たちに、神様はご自身を示してくださり、目に見えない所で働いておられるご自身のみわざを示してくださいます。

神様は、憐みに満ち、私たちの人間としての弱さを思いやってくださる方です。必要な回復を与え、望みを失った所からも、再び立ち上らせてくださいます。神の御手によりすがりつつ、それぞれの使命を果たして参りましょう。

◇ 霊的に、あるいは、精神的に、落ち込んだ経験があるでしょうか。そこからどのように回復が与えられましたか。

◇「エリヤよ、あなたはここで何をしているのか」との神様の二回の質問に、エリヤは同じ言葉で答えています（列王上一九・一〇、一四）。これらの言葉の中に、エリヤが絶望に陥った原因となるものが見出されるでしょうか。

◇ 今回の学びの中に、あなたが今必要としているものがあると感じましたか。

第43章　異国の将軍の癒し　――エリシャ　列王下五・一―一五

エリシャは、エリヤの後継者として預言者としての働きをした人です。エリシャを通しての神様のみわざは目覚ましく、奇跡的なみわざの数々が聖書に記録されています。そのうわさは異国にまで及び、異国の将軍が、自分の病を癒してもらうためにエリシャのもとを訪れ、癒して頂くという出来事も起こりました。この出来事を通して、イスラエルの神様はただイスラエルの民だけの神様ではなく、全地の主であり、どんな国の人々にも助けの手を伸べることのできる神様であることが証しされます。

一、預言者を紹介した少女

スリヤ王の軍勢の長ナアマンはその主君に重んじられた有力な人であった。主がかつて彼を用いてスリヤに勝利を得させられたからである。彼は大勇士であったが、重い皮膚病をわずらっていた。（列王下五・一）

スリヤという国は、当時、イスラエルと戦うこともあり、優勢でさえあった国です。その国の将軍でナアマンという人物が、重い皮膚病に悩まされていました。その様子は周囲の家族にも痛ましく思われたことでしょう。ナアマンの妻がそのことを話題にしていたとき、イスラエルの地から連れてこられたひとりの少女が、女主人であるナアマンの奥さんにこういうことを言いました。

「ああ、御主人がサマリヤにいる預言者と共におられたらよかったでしょうに。彼はその重い皮膚病をいやしたことでしょう」（列王下五・三）

この言葉を聞いたナアマンは、その預言者のもとに行こうとします。彼はまずスリヤの王に事情を告げます。スリヤの王は大切な部下であり、国の将軍でもあるナアマンのために、イスラエルの王に対して手紙をしたためます。（おそらく、当時、スリヤとイスラエルとの間には、一時的には友好関係が保たれていたのでしょう。）贈り物と共にイスラエルの王のもとに着いたとき、ナアマンはスリヤ王からの手紙をイスラエルの王に差し出します。しかし、その手紙には、ナアマンを王のもとに遣わしたのは「彼の重い皮膚病をいやしていただくため」とありました。ですから、イスラエルの王としては、スリヤの王が無理な要求を突き付けて、争いをしかけていると考え、怒ります。

ところが、そのことを伝え聞いたエリシャは、王に人を遣わして言います。「彼をわたしのもとにこさせなさい。そうすれば彼はイスラエルに預言者のあることを知るようになるでしょう」（列王下五・八）。こうして、ナアマンは預言者エリシャの家まで到着することになります。

この経緯を見るとき、神のみわざはイスラエルを越え、異国の民にも及ぶものであることが印象付けられます。その手がかりとなったのは一人の少女であり、イスラエルの王はそのつながりを危うく断とうとするところであったということも興味深いところです。

二、取り扱われるプライド

ようやくエリシャの家にたどり着いたナアマンでしたが、彼がエリシャを通して神の癒しを頂くためには、克服すべき課題がありました。それは、一言で言えば、彼のプライドに関わるものでした。彼がエリシャの家の入口に立ったとき、エリシャは彼に使者を遣わして言いました。

「あなたはヨルダンへ行って七たび身を洗いなさい。そうすれば、あなたの肉はもとにかえって清くなるでしょう」。（列王下五・一〇）

これは、ナアマンにとって予想外のことでした。彼が予想したのは、預言者が家から出てきてくれて、自分の病んだ体に手を置き、癒してくれるだろうということでした。ところが、エリシャは家から出てきてもくれずに、入口まで来ているナアマンに使者を遣わしただけでした。さらに、使者が伝えたのは、ヨルダン川に身を浸すという命令。身を洗うことくらいは、故郷の川でも十分できるではないか、否、ヨルダン川よりふさわしい川があるではないか……そんな思いが彼の中を駆け抜けました。当時、スリヤの軍力には勢いがあり、イスラエルにも優っているのに……スリヤの将軍としてそのような意識も働いたかもしれません。

ナアマンは怒り出し、国に帰ろうとします。しかし、付き添っていたしもべたちが彼に近寄り、こう言ってなだめました。「わが父よ、預言者があなたに、何か大きな事をせよと命じても、あなたはそれをなさらなかったでしょうか。まして彼はあなたに『身を洗って清くなれ』と言うだけではありませんか」（列王紀下五・一三）。確かにその通りでした。ナアマンは、彼らの忠告により、心を変えることができました。

ナアマンにとっては、異国の預言者に頼ること自体、プライドを脇に置かなければできないことであったかもしれません。しかし、神の恵みを受け取るために、プライドは横に置いて、砕かれた心、遜った心で神の前に出ることが求められました。そして、ナアマンはこの時、そのような心で神の前に進むことができました。

三、イスラエルの神は全地の神

ナアマンは、ヨルダン川にくだっていき身を浸します。「七たび」と言われたように、七回身を浸しました。すると、「その肉がもとにかえって幼な子の肉のようになり、清くなった」のでした（列王下五・一四）。

ナアマンは従者を従え、エリシャのもとに帰って言いました。

わたしは今、イスラエルのほか、全地のどこにも神のおられないことを知りました。（列王下五・一五）

エリシャの活動は、主としてイスラエル国内で進められました。しかし、エリシャを通して示された神のみわざは、イスラエルにとどまらず、異国の将軍の病さえ癒しました。イスラエルの神様が全地の神様でした。

神様は私たちの思いを越えて働かれるお方です。遜った心で神の恵みを受け取り、この方を全地の主として証しして参りましょう。

◇ あなたに聖書の神様を紹介してくれたのは、誰ですか。
◇ ルカ四・二七では、イエス・キリストによりナアマンの癒しの出来事が取り上げられていますが、どのような事例として取り上げられたのでしょうか。
◇ 全地の主である神様を証しするために、あなたにできることは何だと思いますか。

第44章　危機の中で神に向かう

――ヒゼキヤ　　列王下一九・一四―二〇

統一イスラエルが南北に分かれ、北イスラエル王国と南ユダ王国、二つの王朝が並び立つ時代に終わりの告げられる時が来ました。アッスリヤの侵攻によって、北イスラエル王国が滅ぼされたのです（紀元前七二二年頃、列王下一八・九、一〇）。これは、北イスラエルの王と民たちの罪に対する神の裁きでもありました。

このような中で、南ユダ王国も同じくアッスリヤの侵攻を受けました。アッスリヤの王は南ユダの町々をも次々に攻め取り、都エルサレムにも大軍を遣わしてきました（列王下一八・一三、一七）。まさに、ユダ王国は国家存亡の危機を迎えていました。この時のユダの王がヒゼキヤでした。

現実の状況を見るならば望みを失ってもおかしくないような危機の中で、ヒゼキヤ王は神に向かう姿勢を示しました。

一、日頃の信仰姿勢

ヒゼキヤが王となったとき、まず手がけた仕事は、国の中から偶像を取り除くことでした。それは、どこまでも神様を第一とし、生けるまことの神様だけを信頼していこうとする彼の信仰の表われでした。

ヒゼキヤはイスラエルの神、主に信頼した。（列王下一八・五）

このようなヒゼキヤの徹底した信仰姿勢は、遠くアッスリヤの国内にも伝えられていたようです。アッスリヤからの使者ラブシャケは、そのようにしてヒゼキヤが信頼している神が、本当にユダ王国を助けてくださるかどうか、挑戦的な言葉を投げかけた程でした（列王下一八・二二、二三）。

危機の中で生ける神様に向かうことができるかどうかは、日頃からの信仰姿勢が物を言います。常日頃、神様と他の何かを二股かけるような信仰では、危機の時、どっちつかずの中途半端な対応しかできないでしょう。恐らく、いざとなれば神様よりも目に見える何かに助けを求めるのではないでしょうか。実際、北イスラエルが滅んだのも、日頃から神の戒めに背いており、国家の危機に際しても悔い改めて神様に向かおうとしなかった故でした。

危機のときに神様に向かうことができるかどうか、それは日頃からの信仰姿勢にかかっています。

二、惑わしの声

アッスリヤの使者ラブシャケは、ユダ王国のリーダーたちだけでなく、エルサレムの城壁の上にいる民にも理解できるよう、アラム語で語りかけました。アッスリヤの国が、他の諸国をいかに滅ぼしてきたか、それらの国々の神々がそれぞれの国を救い出すのに、いかに無力であったか、ユダ王国が降伏するならば、アッスリヤの王がどんなに恵まれた生活を保証するか、大声で語り続けました。この時の民の態度は、注目に値するものです。

しかし民は黙して、ひと言も彼に答えなかった。王が命じて「彼に答えてはならない」と言っておいたからである。（列王下一八・三六）

危機の時、私たちの耳には様々な声が聞こえてきます。その中には信仰に立とうとする私たちの心をくじき、神様に向かうことをあきらめさせようとする声も混じってくることでしょう。そのような言葉は、もっともらしい、現実に即した主張のように聞こえます。

おそらく、そのような惑わしの言葉に対しては、多くの場合、沈黙を守るのがベストでしょう。そして、私たちの目を神様に向けていくのが賢明です。信仰は、惑わしの声に反論するところからではなく、神様に目を向けるところから生まれるからです。

三、実状を神に訴える

危機的状況の中でヒゼキヤがしたことは、実情をありのまま神の前に訴えるということでした。まず、預言者イザヤに使者を遣わし、実状を告げ知らせ、民のために祈りをささげるよう要請しました。その言葉は、苦悩に満ち、切々としたものでした。

きょうは悩みと、懲らしめと、はずかしめの日です。胎児がまさに生れようとして、これを生み出す力がないのです。（中略）この残っている者のために祈をささげてください（列王下一九・三、四）

この要請に対して、イザヤはアッスリヤ王セナケリブが自国に帰り、自分の国で剣に倒れることを告げ知らせます。実際、エチオピアの王が戦いのために北上してきたという情報を得たアッスリヤの王は、自分の国に帰ります。そうしながらも、彼はなおヒゼキヤに使者を遣わし、早急の降伏を勧める手紙を送るのです（列王下一九・九―一三）。

手紙の中に、侮辱的な言葉の数々を読んだヒゼキヤは、どうしたでしょうか。彼は、神殿にのぼり、神の前にその手紙を広げ、祈りました。

主よ、耳を傾けて聞いてください。主よ、目を開いてごらんください。セナケリブが生ける神をそしるために書き送った言葉をお聞きください。（中略）われわれの神、主よ、どうぞ、今われわれを彼の手から救い出してください。（列王下一九・一六、一九）

この祈りに対して、預言者イザヤはこのような言葉をヒゼキヤに伝えます。

イスラエルの神、主はこう仰せられる、「アッスリヤの王セナケリブについてあなたがわたしに祈ったことは聞いた」。（列王下一九・二〇）

四、祈りの結果

その後の経緯は驚くべきものでした。主の御使いによってアッスリヤ軍は全滅してしまいます。また、自国に帰ったアッスリヤの王セナケリブは、息子たちによって殺されてしまいます（列王下一九・三五―三七）。それは、アッスリヤの民だけでなくユダの民にとっても、予想外の驚くべき結末でした。

生けるまことの神様は、私たちの祈りを聞いておられます。私たちは、危機的状況の中でも、この方の前に出て祈り、実状を率直に申し上げ、訴えることができます。そして、その結果起こることは、私たちの予想や期待をはるかに越えたものであるかもしれません。

危機の時、あなたはどのように動き、振る舞おうとするでしょうか。

◇ 人生最大の危機は、どんなものでしたか。その時、あなたはどのようにその事態に対処しようとしましたか。

◇ アッスリヤの王セナケリブは、自国に帰ろうとするとき、ユダ王国には降伏以外に道がないことを説得しようとして手紙を送っています。この時の言葉を読んで、あなたはどう思いますか（列王下一九・一〇―一三）。

◇ 今神様に実状を訴え、助けを求めるべき問題や課題がありますか。

第45章　滅びに至る道　――ゼデキヤ　歴代下三六・一一―二一

列王紀がイスラエル分裂後の南北王朝の動きを交互に伝えているのに対して、歴代志は、一貫して南ユダ王国の歴史に焦点を絞って記録しています。本章では、南ユダ王国滅亡についての歴代志の記録を取り上げます。

紀元前八世紀に滅びた北イスラエル王国に比較して、南ユダ王国には、神様に従う王も少なからずいました。しかし、徐々にユダ王国にも罪悪が増し加わっていきます。遂に紀元前五八六年、バビロン帝国によりエルサレムは破壊され、主だった人々はバビロンに捕え移されます（歴代下三六・一七―二〇）。ユダ王国最後の王となったゼデキヤ王についての記述を通して、「滅びに至る道」がどのようなものであるかを学びます。

一、悪を行なった

南ユダ王国の歴史においては、神の前に正しい道を歩もうとする王と悪を行なった王とが、入れ替わり立ち替わり登場します。

たとえば、前章で学んだヒゼキヤ王や、そのひ孫に当たるヨシヤ王は、神の前に正しい道を歩んだ王でした。自分たちが王になる前に国に広がっていた異教の偶像を破壊し、生けるまことの神様だけを礼拝するよう民を指導しました。「ヒゼキヤはユダ全国にこのようにし、良い事、正しい事、忠実な事をその神、主の前に行った」（歴代下三一・二〇）、「彼（ヨシヤ）は主の良しと見られることをなし、その父ダビデの道を歩んで、右にも左にも曲らなかった」（歴代三四・二）と記されています。

これに対して、たとえばヒゼキヤの子、マナセ王については、「彼は主がイスラエルの人々の前から追い払われた国々の民の憎むべき行いに見ならって、主の目の前に悪を行った」と記録されています（歴代下三三・二）。また、その子、アモン王についても、「彼はその父マナセのしたように主の前に悪を行った」と言われます（歴代三三・二二）。

このように、正しい道を歩んだ王と悪い道を歩んだ王と、入れ替わり立ち替わり現れたユダ王国の歴史ですが、最後の三人の王たちについては、いずれも「主の前に悪を行った」と繰り返されます（歴代下三六・五、九、一二）。ユダ最後の王となったゼデキヤもその一人でした。

彼はその神、主の前に悪を行い（歴代下三六・一二）

悪を行ったのは王だけではなく、王の影響を受けた民全体にも悪が広がっていました。

祭司のかしらたちおよび民らもまた、すべて異邦人のもろもろの憎むべき行為にならって、はなはだしく罪を犯し、主がエルサレムに聖別しておかれた主の宮を汚した。(歴代下三六・一四)

神様は義なる方です。ですから、悪を見逃したり容認したりするわけにはいきません。この方の前に罪悪を積み重ねるならば、国が滅ぶことさえ避けることができません。

二、神の前に身を低くしなかった

彼は(中略)主の言葉を伝える預言者エレミヤの前に、身をひくくしなかった。(歴代下三六・一二)

神様は、南ユダ王国に対して、警告もなしに滅びを与えられたわけではありません。繰り返し預言者を遣わし、警告を与え続けられました。特に預言者エレミヤは、罪を繰り返すユダの民の状況を憂いつつ、神様の警告の言葉を伝え続けました。しかし、ゼデキヤは、それらの言葉を身を低くして聞くことができませんでした。

高慢の恐ろしさについては、聖書は繰り返し警告を与えています。特に、高慢と悪とが結びつくとき、私たちは悔い改めることができなくなります。「自分はこれでよいのだ」と思い込むからです。

神様は憐れみ深いお方です。ですから、真実な心で悔い改めるならば、その罪をゆるしてくださるお方でもあります。実際、あれ程罪悪を繰り返したマナセ王でさえ、身を低くして悔い改めたとき、神様はその祈りを聞き入れられました。「彼は悩みにあうに及んで、その神、主に願い求め、その先祖の神の前に大いに身を低くして、神に祈ったので、神はその祈を受けいれ、その願いを聞き……」(歴代下三三・一二、一三)とある通りです。しかし、ゼデキヤ王の場合、預言者の声を聞きながらも身を低くすることができず、最終的に国の滅びを招き寄せることになりました。

三、強情でかたくなであった

彼は強情で、その心をかたくなにして、イスラエルの神、主に立ち返らなかった。(歴代下三六・一三)

さらに、ゼデキヤは、強情でかたくなな心を持っていました。「強情」と訳されているところ、別の訳の聖書では、「うなじのこわい」と訳されています（新改訳聖書）。子どもが悪いことをして、親から謝るように言われます。ところが、自分が悪いと思いつつも、うなじをこわくして、謝ることができないことがあります。「ごめんなさい」のひと言が出ないのです。

強情でかたくなな心が、国の滅亡を決定づけました。神様の言葉に対して、心柔らかに受け止める素直な心を持ちたいものです。

御霊の言える如くせよ　心を固くするなかれ
御声を聞かば今すぐに　御霊の言える如くせよ
（教文館『新聖歌』一八一番「重荷を負いて」より）

四、神の憐れみの言葉を軽んじ、退けた

最後に、王国の滅亡を決定づけたのは、神様の忍耐と憐みに満ちた言葉を軽んじたことでした。

その先祖の神、主はその民と、すみかをあわれむがゆえに、しきりに、その使者を彼らにつかわされたが、彼らが神の使者たちをあざけり、その言葉を軽んじ、その預言者たちをののしっ

たので、主の怒りがその民に向かって起り、ついに救うことができないようになった。（歴代下三六・一五、一六）

神様は私たちに何度もチャンスを与えてくださいます。忍耐の限りを尽くし、警告を与え、正しい道に立ち返るよう招かれます。しかし、ユダの王とその民とは、そのような憐れみに満ちた神様の言葉を軽んじ、退けました。それどころか、そのような言葉を伝えた預言者たちをあざけり、ののしりました。その結果、「主の怒りがその民に向かって起り、ついに救うことができないようになった」のでした。

神様の忍耐と憐みを軽んじてはなりません。

◇イスラエルの民の歴史の中に、国が滅び、異国に捕囚の民として移される歴史があったことを知っていましたか。また、そのような歴史を知ったとき、どのように感じましたか。

◇南ユダ王国の滅亡を決定づけたのは、何だったと思いますか。

◇神様が以前、あるいは今、あなたに対して忍耐をもって語りかけてくださっていた（いる）ことがあると思いますか。

第46章　回復の土台

――エズラとネヘミヤ　ネヘミヤ八・一―一二

エルサレムが破壊され、ユダの主だった人々がバビロンに捕え移されてから半世紀が経ちました。バビロンに替わりオリエント地域を支配したペルシヤのクロス王は、寛容な宗教政策のもと、ユダの民にエルサレムへの帰還を許します。

その後、ペルシヤのアルタシャスタ王時代、エルサレムに帰還したユダの民のリーダーとなったのはエズラとネヘミヤでした。エズラは祭司であり、律法の学者でもありました。ネヘミヤはペルシヤ王よりエルサレムの総督として任命された人物でした（ネヘミヤ八・九）。ネヘミヤと民は、ある時広場に集まり、律法の書を朗読するよう学者エズラに求めました。エズラとその協力者たちは、律法を読み、民が律法を悟るよう助けました。

彼らはその書、すなわち神の律法をめいりょうに読み、その意味を解き明かしてその読むところを悟らせた。（ネヘミヤ八・八）

彼らは共に、今後の民の真の回復のために土台となるのが律法であることを覚えていました。ですから、まずは民が律法を聞き、その内容を理解し、悟ることができるよう助けました。神の教え、律法を土台としてどのような回復がもたらされようとするのか、この個所から確認することができます。

一、礼拝の回復

彼が書を開くと、すべての民は起立した。エズラは大いなる神、主をほめ、民は皆その手をあげて、「アァメン、アァメン」と言って答え、こうべをたれ、地にひれ伏して主を拝した。（ネヘミヤ八・五、六）

律法朗読に先立って、民は起立します。続いて彼らは、こうべを垂れ、地にひれ伏して神様を礼拝します。このことは、律法と神への礼拝とが常に一体のものであることを示しています。そして、律法を土台として与えられる回復は、礼拝の回復でもあることを示唆していました。

クロス王の時代、エルサレムに帰還した民は、まずバビロンによって破壊された神殿の再建に取り組みました（エズラ一・一―三）。しかし、ただ神殿が再建されればそれでよいわけでないことも明らかでした。なぜなら、そもそもエルサレムの神殿が破壊され、バビロン捕囚の憂き目に遭った原因は、彼らが律法を破ったことにあったからです。もし、立派な神殿が再建されたとしても、律法に従った生き方ができなければ、再び同じことが起こる可能性のあることを彼らは自覚していました。逆に、律法を土台とし、神の教えに従って生きることによって、真の回復が与えられるのであり、真の礼拝の回復もそこから開かれてくるであろう……エズラもネヘミヤもそのことを深く覚えていました。

二、喜びと力の回復

総督であるネヘミヤと、祭司であり、学者であるエズラと、民を教えるレビびとたちはすべての民に向かって「この日はあなたがたの神、主の聖なる日です。嘆いたり、泣いたりしてはならない」と言った。すべての民が律法の言葉を聞いて泣いたからである。（ネヘミヤ八・九）

律法を悟った民は、彼らの先祖たちがこの律法を守らなかったこと、それゆえにバビロン捕囚の悲劇が彼らを襲ったことを改めて覚えたことでしょう。さらには、エルサレムに帰還した彼ら自身、必ずしも律法に添うばかりではないことを悟ったのではないでしょうか。彼らは、そのような自覚の中で、嘆き、涙しました。

しかし、律法の朗読が行われた日は、「七月一日」でした（ネヘミヤ八・二）。この日は、律法によってラッパの祝日として定められていました（レビ二三・二四）。そもそもこの日に広場に集まり、律法の朗読を行なったのも、律法に定められた聖会の開催としてであったことでしょう。

ですから、ネヘミヤやエズラたちは、その日が「聖なる日」であり、神の前に喜びをもって出るべき祝いの時であることを思い起こさせました。食物を分け合って喜ぶべき祭りの時であることを教えました。そして、次のように語り、教えました。

主を喜ぶことはあなたがたの力です（ネヘミヤ八・一〇）

神の前に出、喜び祝うということは、単に定められた祭りだからというのではありません。神様を喜びとするという人間本来のあり方に立ち戻ることを意味します。そして、そのことが、人間としてのすべての営みに活力を与えるものであることを、彼らは示しました。

礼拝の回復は喜びの回復でもあります。それは、人間が人間らしく、力に満ちて歩むための土台ともなります。

三、神に従う生活の回復

律法には、七月一日のラッパの祝日に続き、一五日から始まる仮庵の祭りについても定められていました。そこで彼らは、律法に記されているところに従って、仮庵の祭りを行います（ネヘミヤ八・一三―一八）。

しかし、律法に基づき、祭りの実行を終えた後、彼らはやはり、律法に照らした自分たちの現状への憂いを感じたようです。

その月の二十四日にイスラエルの人人は集まって断食し、荒布をまとい、土をかぶった。（ネヘミヤ九・一）

この日、彼らは改めて律法を読み、悔い改めの祈りをささげます。エズラは、イスラエルの民に示された神の恵みと約束、しかし、民が幾度となく神に背き、律法に背いてきたこと、その最終的な結果としてエルサレムの滅亡と捕囚が起こったこと、しかし、なお神の憐れみによりエルサレムへの帰還が果たされたこと、しかし、彼らの罪ゆえに、今なお困難の中に置かれていること……民の歴史全体を振り返りつつ、現状を憂いつつ、神の憐れみと助けを祈り求めました。

真の回復は、神の教えに従う生き方抜きにあり得ないことを彼らは知っていました。そして、そのようにして与えられる真の回復を祈り求めました。

◇　聖書の言葉を読んで、嘆いたり、喜んだりしたことがありますか。

◇　レビ二三・二四を読んで、律法では七月一日がラッパの祝日として定められていたことを確認しましょう。

◇　喜びと力に満ちた人間本来の生き方を回復するために、自分がまず取り組むことのできることは何だと思いますか。

第47章　立ち上がるべき時
――エステル　エステル四・一―一七

バビロンに捕囚されたユダヤの民の一部は、ペルシヤ帝国時代に入りエルサレムに帰還することができましたが、多くの民は、なおペルシヤ帝国での生活を続けていました。そういう中、ペルシヤ帝国に住むユダヤ人たちに危機が訪れました。当時帝国内で大きな力をもっていたハマンという人物がユダヤ人に目をつけ、これを滅ぼす勅令を提案したのです。そして、王の了解を得て、遂に勅令が発布されたのでした。

この時、ユダヤ人たちを救うべく立ち上がったのがエステルという女性でした。彼女はユダヤ人でしたが、王妃として召され、宮殿で生活していました。ユダヤ人であることは隠されていましたので、行動を起こさず、黙っていればそのままの生活も保証されていたかもしれません。しかし、彼女は危険を冒して、同胞の危機のために立ち上がりました。

私たちは、信仰者として立ち上がるべき時があります。そのような時、私たちはどのように立ち上がったらよいでしょうか。

一、状況をよく理解して

そこでエステルは王の侍従のひとりで、王が自分にはべらせたハタクを召し、モルデカイのもとへ行って、それは何事であるか、何ゆえであるかを尋ねて来るようにと命じた。（エステル四・五）

勅令を受け取ったユダヤ人たちの中に、大きな嘆きが起こりました。その様子を耳にしたエステルは、養父であるモルデカイに使者を遣わし、事情を聞き出そうとします。モルデカイは、事の次第を正確にエステルに知らせます。発布された詔書の写しを渡しただけではありません。勅令発布のためにハマンが王の金庫に量りいれると約束した銀の正確な額まで、モルデカイは伝えます。そして、エステルに対して、民の救済を王に願い求めるよう訴えます。このようにして、エステルは事の次第を知るに至るのです。

私たちが立ち上るためには、まず状況を正確に知る必要があります。そこにどんな状況があるのか、何が必要とされているのか、的確にとらえる必要があります。

私たちが置かれている状況はどうでしょうか。周囲の人々の霊的、精神的、また肉体的状況はどうでしょうか。その中で、教会はどんな状況でしょうか。神様が見せてくださる周囲の有様は、私たちに立ちあがることを求めているかもしれません。

二、神の導きを認めて

さて、ユダヤ人の危機的状況を知ったエステルですが、一つの問題があることをモルデカイに告げます。それは、王様の側からお召しがないのに王に近づく者は、必ず殺されなければならないという法律があることでした。但し、王がその者に金の笏を伸べれば助かるのですが、そうでなければ死ななければならないのです。

しかし、この時モルデカイはエステルにこう語りかけます。

あなたは王宮にいるゆえ、すべてのユダヤ人と異なり、難を免れるだろうと思ってはならない。あなたがもし、このような時に黙っているならば、ほかの所から、助けと救がユダヤ人のために起るでしょう。しかし、あなたとあなたの父の家とは滅びるでしょう。あなたがこの国に迎えられたのは、このような時のためでなかったとだれが知りましょう。（エステル四・一三、一四）

エステルが立ち上がらなければユダヤ人が滅ぶと言うのではありません。神様はどんな状況の中でもユダヤ人を助けることができるお方だと、彼は信頼していました。しかし、エステルが今王妃として王宮に迎えられているということの中に、彼は神の導きを感じていたようです。「あなたがこの国に迎えられたのは、このような時のためでなかったとだれが知りましょう」と、モルデカイはエステルに訴えたのでした。

興味深いことには、エステル記には、「神」という言葉を見出すことができません。しかし、信仰を持って読む者には、歴史を導いておられる神の摂理の御手を、明確に見出すことができます。エステルも、自分自身の状況を振り返るとき、確かに神の導きを感じないではおれませんでした。

私たちもまた、自らの置かれた状況を顧みるとき、そこに神の導きを感じることがありはしないでしょうか。神の御手が肉眼に見えるわけではありません。御声が肉体の耳に聞こえてくるわけではないかもしれません。しかし、神の導きの御手が見え、招きの御声が聞こえてくることがあります。そのような神の御声があるならば、それを聞き逃さないようにしましょう。

三、犠牲を覚悟して

エステルは、遂に同胞のため立ち上ることを決心します。そのため、全ユダヤ人に断食して備えさせるようにとモルデカイに依頼します。また、自らも断食することを告げます。そして、最後にモルデカイに告げたのは、このような言葉でした。

わたしがもし死なねばならないのなら、死にます。（エステル四・一六）

リスクはありました。場合によっては、殺されることも覚悟しなければならない状況でした。しかし、一切を神に委ね、死の覚悟さえして彼女は立ち上がりました。結果的には、神の守りの御手が働き、エステルは助かると共に、ユダヤ人救済の道が開かれていくのでした。

神の導きに従おうとするとき、そこには全くリスクがないということではありません。神に従う道は、十字架の道です。多くの困難もあるでしょう。時には、辛い経験をしなければならないこともあります。しかし、神様がよしとされるのであればそれもよしとして犠牲を覚悟するとき、私たちは立ち上がることができます。

今、あなたが立ち上がるべき時として、神が招かれる御声が聞こえるでしょうか。もしそうなら、信仰と勇気をもって、立ち上がってください。そのとき、神様が備えられたすばらしいドラマが始まっていくことでしょう。

◇あなたの周囲を見回すとき、何か危機的状況だと思うことがあるでしょうか。
◇王への嘆願を躊躇するエステルに対するモルデカイの言葉を読んで、どう思いますか（エステル四・一三、一四）。
◇神様があなたに立ちあがるよう促しておられると感じられる分野があるでしょうか。

第三部　詩歌

第48章　ヨブの忍耐　――ヨブ記

ヨブ一・一―二二

聖書の中には、「詩歌」と呼ばれる書が五つ含まれています。ヨブ記は、その一つです。ヨブが歴史的にどのような時代に生きたか、明確ではありませんが、実在の信仰者であることは確かのようです（エゼキエル一四・一四）。そして、ヨブ記は、ヨブが経験した大きな試練について書いています。

ヨブは七人の息子、三人の娘がおり、多くの財産を所有していました。しかし、一日のうちに、色々な原因で家畜等の財産を失ったばかりか、十人の子どもたちを亡くすことになります。少し考えただけでも、それは厳しく辛い経験であったことが分かります。

ヨブほどでなくても、私たちは、生きている間に多くの試練と言えるような経験をします。それらの試練をどう受け止めるか、誰しも直面する大きな課題です。ヨブが試練の中で示した忍耐がどういうものであったかを学びながら、この課題について考えてみましょう。

一、理由の分からない試練

ウヅの地にヨブという名の人があった。そのひととなりは全く、かつ正しく、神を恐れ、悪に遠ざかった。（ヨブ一・一）

ヨブ記冒頭、ヨブの人となりについて「全く、かつ正しく、神を恐れ、悪に遠ざかった」と記されます。ですから、ヨブの場合に限って言えば、彼が試練を受けたのは、彼自身が何か間違ったことをしたから、何か罪を犯してその報いとして、というのではありませんでした。では、そこにどんな理由があったのでしょうか。

ヨブ記を読み進めてみると、彼の試練の背景には一つのことがあったことが分かります。天の会合において、サタンと神様との対話があったというのです。神様はサタンに対してヨブの正しい生き方を指摘されます。ところがそこで、サタンは主張します。「ヨブはいたずらに神を恐れましょうか」と（ヨブ一・九）。言わば、ヨブの信仰もいわゆる「ご利益信仰」に過ぎないのではないか、神が彼の財産を守り増やすという祝福を与えておられるので、ヨブは神に従っているのであって、そのような祝福を取り去ったならば、ヨブだってきっと神様をのろうに違いない、というのです。これに対して、神様は「いや、そんなことはない」ということだったのでしょうか、サタンがヨブの持ち物に手をかけることをお許しになります。

これが、ヨブの経験した恐ろしい試練の背景にあったことでした。しかし、もちろんヨブ自身は、天の会合のこのようなやり取りを知る由もありません。彼にとっては理由なき試練であり、少なくとも理由の分からない試練でしかありませんでした。

新約聖書にも、生まれつき盲目の男を目にしたキリストの弟子が一つの質問を発したことが記されています。「この人が生れつき盲人なのは、だれが罪を犯したためですか。本人ですか、それともその両親ですか」というものです（ヨハネ九・二）。キリストは、「本人が罪を犯したのでもなく、また、その両親が罪を犯したのでもない。ただ神のみわざが、彼の上に現れるためである」と言われて、この男の目をお癒しになります。

試練の原因を誰かの罪の中に求めようとすることは、昔から行われてきたことですが、そのことが試練で苦しむ多くの人に対して、傷口に塩を塗るようなことになる場合も多かったことでしょう。他人の試練については、安易にその理由を詮索したり特定しようとしたりするより、理由は分からない、究極的には神様だけが分かっておられることとして受け止めるべきでしょう。

二、手放す信仰

さて、一日のうちに起こった辛い出来事の数々を、ヨブはどう受け止めたでしょうか。出来事の知らせを受けたヨブは、上着を裂き、頭を剃り、地に伏して神を礼拝し、このように言いました。

わたしは裸で母の胎を出た。また裸でかしこに帰ろう。主が与え、主が取られたのだ。主のみ名はほむべきかな。（ヨブ一・二一）

ヨブは、財産を失っただけでなく、息子娘の全員を亡くしたのですから、悲しくなかったはずはありません。大きな痛みの中に置かれたことでしょう。しかし、そういう中で、彼は生涯の原点にかえりました。お母さんのお腹から産まれてきたときのことを考えました。そうすると、「裸で母の胎を出た」という事実が思い出されました。その時の状況に戻ったのだと思い至りました。

自分が持っている物はすべて主なる神様が与えてくださったもの。主が与えてくださったのであれば、それを取り去る権利も主は持っておられる。「主が与え、主が取られたのだ。主のみ名はほむべきかな」と、神様をほめたたえました。

私たちは神からの祝福をいただき、多くのものに取り囲まれると、それなしでは生きることが不可能だと思うようになることが多いのではないでしょうか。しかし、ヨブは地上の一切の事の中に神の主権を認めました。いざとなればすべてのものを手放すことのできる潔い信仰を持っていました。

三、憐れみ深い神の前に

話がここで終われば、ヨブ記は比較的分かりやすい書になったかもしれません。しかし、ヨブ記はここからが長いのです。

まず、ヨブの試練は、喪失だけで終わりませんでした。ヨブの全身をいやな腫れ物が覆い始めます。彼の奥さんでさえ、見ていられないと思ったのでしょうか、「あなたはなおも堅く保って、自分を全うするのですか。神をのろって死になさい」とまで言います（ヨブ二・九）。しかしヨブは、「われわれは神から幸をうけるのだから、災いをも、うけるべきではないか」と言って、奥さんをいさめます（ヨブ二・一〇）。

しかし、腫れ物の試練は、長く続きます。慰めに来たはずの友人たちは、余りに長く続く悲惨な出来事に、ヨブが罪を犯したのではないか、犯したはずだと追及し、ヨブの苦しみに輪をかけます。このような中、さしものヨブも、自分の苦しみを訴え、嘆きます。神様を呪うことはしませんでしたが、その代わり自分の生まれた日を呪い始めます。段々呟きめいたものがヨブの言葉に多くなっていきます。

そうなってくると、ヨブが正しいのか、友人たちが正しいのか、読むほうも分からなくなってきます。しかし、最後に神様が現れ、友人たちを叱り、ヨブを窮状から回復させなさいます。彼の財産を以前にも増して多くされ、新しく、十人の息子、娘をお与えになります。

後に、使徒ヤコブは自分の手紙の中でヨブの忍耐のことを取り上げます。「忍び抜いた人たちはさいわいであると、わたしたちは思う。あなたがたは、ヨブの忍耐のことを聞いている。また、主が彼になさったことの結末を見て、主がいかに慈愛とあわれみとに富んだかたであるかが、わかるはずである」（ヤコブ五・一一）。ヨブは確かに呟きめいたものをたくさん口にしました。そういう意味では、ヤコブが言うように、「忍び抜いた」と言えるかどうか、疑問もわきます。しかし、彼がどんなに大きな痛み、苦しみの中にいたのか、神様はよくご存じでした。神様は確かに「慈愛とあわれみとに富んだかた」でした。

私たちが何がしかの試練に遭うとき、「ヨブの忍耐」を思い出し、憐れみ深い神様を覚えつつ、忍耐をもって過ごすことができれば幸いです。

◇　これまでに「試練」と思える経験がありますか。
◇　ヨブ記において、試練の中でどんな言葉を語るかが注目されていることを確認しましょう（ヨブ一・一一、二二、二・五、九、一〇、三・一、三八・二）
◇　今回の学びを通して、今受けている試練や、かつて経験した試練について、新しい見方で見ることができるようになったことがありますか。

第49章　主はわたしの牧者　――詩篇　詩篇二三・一―六

詩篇には一五〇篇の詩が収められています。それらはいずれも、色々な時代の信仰者たちが神への信仰に基づいて作った歌です。内容的にも、神への賛美、悔い改め、祈り、感謝など様々ですが、いずれも神に対するイスラエル民族の篤い信仰を背景にしています。

さて、数ある詩篇の中でも、最も多くの方々に親しまれている詩篇は、おそらくこの二三篇と言ってよいでしょう。スポルジョンは、この詩を「詩篇の真珠」と呼びました。この詩は、信仰者にとって神様がいかに恵み深い方であるか、神と共に生きる生涯がいかに幸いなものであるかを歌っています。

また、この詩は、イスラエルの王ダビデによって書かれたと言われます。ダビデは、王とされる前、少年時代に羊飼いとしての経験がありました。そのような経験を思い返しながら、彼は、神様と自分との関係を羊飼いと羊との関係にたとえて詩を書きました。そこには、ダビデにとって神様がどのような方であるのかが、詩的な表現で美しく言い表されています。

一、主はわたしの牧者

主はわたしの牧者であって、わたしには乏しいことがない。（詩篇二三・一）

この詩の冒頭、ダビデは、「主はわたしの牧者」と書きました。なぜでしょうか。

第一に、彼は、自分が羊のように弱く、迷いやすい存在であることを知っていました。王となる前はもちろん、王になってからも、悩み、傷つき、迷う、弱い自分を経験してきました。サムエル記や歴代志などを読めば、彼が何度もそういうところをくぐり抜けてきたことを知ることができます。

第二に、彼は、そのような自分を守り、養い、導かれる神様を知っていました。多くの困難を経験し、自分の弱さを知るたびに、彼は神様を仰ぎました。神に訴え、祈りました。そして、その度に必要な助け、励まし、導きが与えられました。そのような経験を思い返すとき、彼は、神様を「わたしの牧者」と表現せずにはいられませんでした。

この美しい詩篇を読み進めると、ダビデが「主はわたしの牧者」と表現したことの意味合いをさらにうかがい知ることができます。

「わたしには乏しいことがない」との一言には、神様が自分のすべての必要を満たしてくださるという確信が表れています。羊飼いは、おなかのすいた羊を「緑の牧場」まで導いておなかいっぱい食べさせます。羊がのどを渇かせているとなれば、「いこいのみぎわ」にまで導きます（詩篇二三・二）。そのように、神様はダビデの肉体的な必要ばかりではなく、霊的な必要をも満たしてくださることを、度々経験しました。

そのことはまた、次のようにも表明されています。

主はわたしの魂をいきかえらせ、み名のためにわたしを正しい道に導かれる。（詩篇二三・三）

ダビデはその生涯の中で、何度も失意落胆を経験しました。時には疑惑に陥り、あるいは、悪魔の誘いに惑わされて罪の淵をさまようこともありました。しかし、神様は、彼の魂を生き返らせてくださいました。回復させてくださいました。正しい道に導いてくださいました。よき羊飼いである神様がそのようにしてくださいました。

信仰者であるならだれでも、このようなダビデの言葉にうなずかざるを得ないのではないでしょうか。そして、「主はわたしの牧者」と歌わずにはおられません。

二、死の陰の谷を歩むとも

たといわたしは死の陰の谷を歩むとも、わざわいを恐れません。あなたがわたしと共におられるからです。（詩篇二三・四）

神様が羊飼いであるということは、何も危険がないとか、試練や悲しみがないとかいうことを意味しません。むしろ、「死の陰の谷を歩む」ことさえあります。しかし、ダビデはそのことを認めながら、すぐに言います、「わざわいを恐れません」と。

これは、随分大胆な言葉のように思われます。誰しも、わざわいや危険は避けたいと思うはずです。ダビデも、それらのものを歓迎するわけではないでしょう。しかし、彼は数々の「死の陰の谷」を経験し、くぐり抜けてきました。そして、その度に神の守りと助けを経験してきました。それゆえ、わざわいを恐れる必要がないと感じたのでしょう。そして、その根拠について、彼は次のように書き表しました。「あなたがわたしと共におられるからです」。そのようにして、神様と共に生きるということの心強さを彼は表現しました。

神様を羊飼いとする生涯にはまた、敵に直面することもないとは言えません。ダビデは、王である以前に兵士でした。多くの戦いを経験してきた人物です。敵国の兵士たちばかりでなく、自国イスラエルの王サウルからも、また後には身内からも、命をねらわれる経験をしてきました。そのような経験を重ねながら、彼は、次のように書くことができました。

あなたはわたしの敵の前で、わたしの前に宴を設け、わたしのこうべに油をそそがれる。わたしの杯はあふれます。（詩篇二三・五）

絶えず自分を攻撃し、命をねらう者を意識しながら生きるということは、身の縮むようなことのように思われます。しかし、ダビデはそのような日々の中でも、神が共にいますことの心強さを知ったようです。敵前であっても、敵よりもさらに近くいます神様によって、宴を設けて頂き、こうべに油を注いでいただき、杯を溢れさせてくださる……そんな思いでダビデはそのような日々を過ごすことができたと告白します。

三、確信と決意

わたしの生きているかぎりは必ず恵みといつくしみとが伴うでしょう。わたしはとこしえに主の宮に住むでしょう。（詩篇二三・六）

ダビデは、この詩篇の最後で、確信と決意を明確に表わしています。彼の確信とは、自分の生涯に必ず恵みといつくしみとが伴うというものでした。過去の経験を思い返しながら、彼は、「必ず」という確信を持つことができました。また、彼の決意とは、「とこしえに主の宮に住む」というものでした。「主の宮」とは、神がおられるところ、神を礼拝する場所です。彼はその場所こそが自分の身を置くべき永遠の場所であると考え、そのような決意を表明しました。

このような信仰の告白は、ダビデだけのものではないはずです。信仰者であればだれでもそのように告白することができます。信仰者の生涯の中には、回復を必要とする痛みや悲しみの経験、死の危険、あるいは敵と直面させられることも含まれ得ます。しかし、羊飼いなる神様と共に歩むとき、それらを乗り越えることができるばかりか、そのような中からあふれるばかりの感謝と喜びを持ち得る生涯を意味します。私たちも「主はわたしの牧者」と告白しながら、神と共に生きる幸いを覚えつつ、味わいつつ、生きて参りましょう。

◇ 人間は、どんなところが羊に似ていると思いますか。また、神様はどんなところが羊飼いに似ていると思いますか。

◇ 一—三節は、神様を「主」と表現していますが、四、五節では、「あなた」という表現に変わっています。なぜだと思いますか。

◇ダビデが六節で表明したような確信と決意を、あなたも今、告白することができるでしょうか。

第50章　知恵の言葉　――箴言　箴言一・一―一九

箴言は、ソロモン王が残した知恵の言葉を中心に（箴言一・一）、その他の知恵者の言葉も加えて、後の時代に編集されたもののようです。「箴言と、たとえと、賢い者の言葉と、そのなぞ」とあるように（箴言一・六）、ユーモアに富んだことわざのような短い言葉が多く、大変読みやすいですが、その分、私たちの生活のあり方に実際的な問いかけを投げかけ、省みさせる力を持っています。内容としては、全体として神様への信仰を中心とした知恵ある生き方がテーマになっています。

箴言の冒頭部分を通して、知恵の言葉がどのような生き方を教えるものであるかを学びましょう。

一、主を恐れることは知識のはじめ

主を恐れることは知識のはじめである。（箴言一・七）

人間として知るべき知識は沢山あるようですが、箴言は、私たちが最初に知るべきことは、神をおそれることだと言います。

時々、「神をも恐れぬ」という言葉を聞くことがあります。これは、傲慢不遜な人を指して言う言葉で、箴言の言葉によれば、「知識のはじめ」を知らない人の言う言葉だということになります。

聖書はそもそも人間が神様によって造られた存在であると教えます。天地万物の創造者が人間を創造し、生かしておられる……そのことが分かったとき、人間としての正しい生き方は、神様抜きに考えることができないことが分かります。むしろ、神様を正しく知り、正しくおそれ、この方に聞いていく態度がなければ、人間としての正しい生き方、知恵ある生き方は望むべくもないことになります。

箴言は、三十一章にわたり、多くの方面から知恵ある生き方を描いていきます。しかし、それらの言葉の根本に置かれているのは、「主を恐れる」という信仰姿勢です。神様を横に置いた状態では知恵ある生き方は存在しないのだと、箴言は教えます。

二、父の教訓、母の教え

わが子よ、あなたは父の教訓を聞き、母の教を捨ててはならない。(箴言一・八)

ここには一つの前提があります。ソロモンは「イスラエルの王」でした（箴言一・一）。彼がこれらの箴言を通して語り教えたのは、イスラエルの民でした。彼らは、唯一創造主なる神を信じる民です。彼らの家庭教育は、聖書を教えることが基本でした。「父の教訓」、「母の教（え）」は、いずれも聖書の言葉に基づくものでした。ですから、「父の教訓」、「母の教（え）」の背後には、聖書の言葉があったことを覚える必要があります。

ですから、これは私たちの家庭教育のあり方を省みさせる言葉でもあります。親だからと言って、自分勝手な要求を子どもに押し付けるようであってはなりません。聖書の言葉に従って、正しく神様を教え、神の御心を教えているかが問われます。

同時に、私たち自身が、聖書の言葉に聞き続けているかが問われます。ユダヤ人のみならず、クリスチャン家庭であれば、幼い頃から聖書の言葉に触れることができるでしょう。しかし、聞いている、知っているということと、実際にそのように生きているということとは違います。知っていながらも、世の中の価値観に流されて、途中で「父の教訓」、「母の教（え）」を捨ててしまうこともあり得ます。

私たちを知恵ある正しい生き方に導いてくれる聖書の言葉を、どこまでも固く握って離さないようにする必要があります。

三、麗しい冠、首の飾り

それらは、あなたの頭の麗しい冠となり、あなたの首の飾りとなるからである。(箴言一・九)

箴言は、知恵ある正しい生き方がどんなに麗しい生活をもたらすかを美しく描いています。それは、「麗しい冠」のようであり、「首の飾り」のようです。それらを身に着けているならば、あなたは人々の目を引き、彼らはあなたに魅力を感じるでしょう、と言います。どんな人であっても、真に知恵ある生き方は人々の目を引くものとなります。

後に、使徒ペテロは、信仰者である奥さん方に対して、次のように書き送りました。「あなたがたは、髪を編み、金の飾りをつけ、服装をととのえるような外面の飾りではなく、かくれた内なる人、柔和で、しとやかな霊という朽ちることのない飾りを、身につけるべきである」(第一ペテロ三・三、四)。ペテロのこのような言葉も、箴言が教えることと通じるところがあるように思えます。

四、悪者があなたを誘っても

わが子よ、悪者があなたを誘っても、それに従ってはならない。(箴言一・一〇)

箴言は正しい知恵の言葉を語りますが、世にはそれに背くような間違った知恵の言葉が満ちています。「待ち伏せして、人の血を流し、罪のない者を、ゆえなく伏してねらい（中略）さまざまの尊い貨財を得、奪い取った物で、われわれの家を満たそう」と誘います（箴言一・一一―一三）。これらは、神をも恐れぬ者たちの言葉です。

悪に誘う言葉は、「一緒に来なさい」と言います（箴言一・一一）。「われわれの仲間に加わりなさい」と言います（箴言一・一四）。「誰もが行く道だから大丈夫」と語りかけます。しかし、知恵の言葉は言います。「わが子よ、彼らの仲間になってはならない、あなたの足をとどめて、彼らの道に行ってはならない」と（箴言一・一五）。

悪に誘う言葉は一見魅力的に見えたり、知恵ある言葉のように聞こえたりすることがありますが、決して良い結果を生み出すことはありません。むしろ、そのような言葉に聞くことは、「その持ち主の命を取り去るのだ」とあるように（箴言一・一九）、滅びに通じる道です。

神様からの知恵の言葉に教えられながら、正しい道、知恵ある生き方を間違いなく選び取っていきたいものです。

◇世間一般で聞く「知恵」と、箴言の示す知恵とは、何か違うと思いますか。

◇箴言において、「知恵ある者」、「愚かな者」は、どのような者たちとして描かれているでしょうか。

◇今回の学びを通して、一番心に留まったことは何でしょうか。

第51章　あなたの造り主を覚えよ　——伝道の書　伝道一二・一—一四

「伝道の書」（新共同訳聖書等では「コヘレトの言葉」）は、「伝道者」と呼ばれる人物が書き記した知恵の言葉です（伝道一・一、一二・九—一〇）。伝統的にはソロモン王の書と考えられていますが、異論もあります。書の性質として箴言と似た面もありますが、いくらか特徴的なところのある書です。何度も出てくる表現の中に、「（空の）空」という表現があります（伝道一・二、一二・八等）。また、「日の下」という表現も繰り返されます（伝道一・三、九等）。すなわち、太陽の下、地上のことをよく観察し、調べ、考えた結果、そこにはある種のむなしさがあると言うのです。

しかし、もちろん、この書は単に虚無的な人生観を勧めるものではありません。「日の下」から目を離し、天に目を向けるよう勧めます。そこには、万物の造り主である神様がおられます。この方を覚えて生きるようにと勧めています。

この書の最後の章を通して、私たちが、なぜ、どのように、造り主を覚えるべきであるのか学びます。

一、若い日に

あなたの若い日に、あなたの造り主を覚えよ。（伝道一二・一）

「若い日」とはどういう時でしょうか。直前の所にこのように記されています。

若い者よ、あなたの若い時に楽しめ。あなたの若い日にあなたの心の道に歩み、あなたの目の見るところに歩め。ただし、そのすべての事のために、神はあなたをさばかれることを知れ。（伝道一一・九）

若者は、大きな情熱を持っています。目に見える色々なことに興味を持ち、関わろうとします。特に、楽しいこと、うれしいことがあれば、熱中します。伝道者は、そんな若者たちに、「楽しめ」、「心を喜ばせよ」、「目の見るところに歩め」と語ります。しかし、同時に、警告しています。「ただし、そのすべての事のために、神はあなたをさばかれることを知れ」と。

伝道の書の最後には、このように記されています。

事の帰する所は、すべて言われた。すなわち、神を恐れ、その命令を守れ。これはすべての人の本分である。神はすべてのわざ、ならびにすべての隠れた事を善悪ともにさばかれるからである。（伝道一二・一三、一四）

造り主なる神は、裁き主でもあられます。目の前にあるものだけを見て人生を突き進んでいくことは、若者の特権と言えるかもしれません。しかし、同時に、やがて裁き主なるお方の前に立つ時が来ることを忘れてはいけません。それゆえ、私たちは「若い日」に、自らの造り主を覚えなければならないのです。

二、悪しき日が来る前に

悪しき日がきたり、年が寄って、「わたしにはなんの楽しみもない」と言うようにならない前に、また日や光や、月や星の暗くならない前に、雨の後にまた雲が帰らないうちに、そのようにせよ。（伝道一二・一、二）

「悪しき日」とは、ここでは年老いて、体の色々な機能が衰え、力が弱くなる時のことを言っているようです。その時には、腰はかがんできますし、目もかすんできます（伝道一二・三）。歯が抜けたりもしますし、声にはりがなくなってきたりもします（伝道一二・四）。生活の様々な面が不自由になり、やりたいこともできない、まさに、「わたしにはなんの楽しみもない」と言いたくなるような状況が生まれます。もちろん、これまで神を知らなかった人が、そのような時期に神様を知り、神のもとでの幸いな生き方を知ることができたら、それはすばらしいことです。しかし、願わくは、もっと若いうちに造り主なる神を知り、この方のもとでの生活を始めることができたなら、さらにすばらしいことではないでしょうか。

そこには、生きる真の目的をつかんだ生涯があります。与えられた力を何のために用いたらよいのかを教えられていきます。神様を信じる者の生き方は、真の喜びと楽しみに満ちた生涯です。「あなたの若い日に、あなたの造り主を覚えよ」とは、「伝道者」の心からの勧めでした。

三、死の時が来る前に

年老いて、力弱りいくとき、最後に待っているのは何でしょうか。

その後、銀のひもは切れ、金の皿は砕け、水がめは泉のかたわらで破れ、車は井戸のかたわらで砕ける。ちりは、もとのように土に帰り、霊はこれを授けた神に帰る。伝道者は言う、「空の空、いっさいは空である」と。（伝道一二・六―八）

体全体のあらゆる機能が最終的に止まる時が来ます。それは、肉体が土に帰り、霊がこれを授けた神様に帰る時でもあります。すなわち、私たちは皆、死の時を迎えます。

ここで、再び、この書の最初に語られた言葉が繰り返されます。「空の空、いっさいは空である」と。その時は、人間が地上で一生懸命積み重ねてきたものが、むなしくなってしまう時です。あらゆる事業、たくわえた知識、経験した楽しみなど、一切は無に等しいものと思われます。私たちはそれらのものを、死の向こうの世界に持っていくことができません。もし、私たちの生涯が、「日の下」のものだけに心を向けたものだったとしたら、死の時は、まさにむなしい時に他ならないでしょう。しかし、伝道者は勧めます。そのような日が来る前に、「あなたの造り主を覚えよ」と。

四、事の帰する所

事の帰する所は、すべて言われた、すなわち、神を恐れ、その命令を守れ。これはすべての人の本分である。（伝道一二・一三）

確かに「日の下」だけに目を留めるなら、年老い、死の時を迎えようとする中で、「空の空、いっさいは空」と言いたくなるかもしれません。人間の知恵をもって「日の下」を観察し、沢山のことを学んだとしても、「多く学べばからだが疲れる」という結末だけが残るような気にもなります（伝道一二・一二）。しかし、人間にとって「事の帰する所」はむしろシンプルに表現されます。「神を恐れ、その命令を守れ」。これさえ押さえた生涯であれば、人生の空虚さを乗り越え、心から楽しみ、喜び日々の幸いを味わうことができます。そこにこそ「造られた者」としての人間の本分があるからです。既に「若い日」と呼ばれる年代を過ぎてしまったという方もおられるでしょう。しかし、明日よりは今日が「あなたの若い日」です。造り主なる神様のもとでの幸いな生涯を、今日このところから進めていこうではありませんか。

◇　人生の空しさを覚えた時がありますか。それはどんな時でしたか。

◇　「造り主を覚える」ということが私たちに必要なのはなぜでしょうか。今回の学びからまとめてみましょう。

◇　「あなたの若い日に、あなたの造り主を覚えよ」との招きに、あなたはどのようにお応えしたいですか。

第52章　歌の中の歌　――雅歌　雅歌一・一―一一

「雅歌」もまた、冒頭に記されるように、ソロモン王によるものと受け止められてきました。しかし、この書が聖書の中に含まれているのは、一見不思議に見えるところもあります。たとえば、この書には神様の名称が現れてきませんし、内容的にも、男女間の恋を歌ったものとして、一見世俗的な恋愛詩のようにも見えます。しかし、神様がこの書を「聖書」の一部として含めたのには、それなりの理由があるはずです。そのことを覚えながら、この書を読み、味わっていくとき、神からの大切なメッセージが浮かび上がってきます。

一、男女の愛のすばらしさ

この書をありのままに読むならば、ここには男女の愛のすばらしさが歌われているように見えます。そのような書が聖書の中に含まれることに疑問が生れるとしたら、私たちがいつの間にか、男女間の愛を多少なりとも低く見てしまっているのかもしれません。

しかし、そういう面から改めて聖書を見直してみると、聖書は男女の愛のすばらしさを教えていないわけではないと気づかされます。イサクとリベカ、ボアズとルツなど、男女の出会いの経緯が随分詳しく記されています。創世記の最初にも、神が人を創造されたとき、「男と女とに創造された」と記されています（創世記一・二七）。アダムが最初に創造されたとき、神様は「人がひとりでいるのは良くない」と仰って、エバを創造された経緯も記されています（創世記二・一八）。男女が出会い、二人がひとつとされて生きていくことはすばらしいことです。

「雅歌」と訳されている書のタイトルは、直訳では、「歌の中の歌」となります。まずは素直に、男女間の愛の歌として読むことができます。

どうか、あなたの口の口づけをもって、わたしに口づけしてください。あなたの愛はぶどう酒にまさり、あなたのにおい油はかんばしく、あなたの名は注がれたにおい油のようです。それゆえ、おとめたちはあなたを愛するのです。（雅歌一・二）

女性の愛の告白で、読んでいるとくすぐったくなるようです。また、男性から女性への言葉としては、以下のように歌われます。

わが愛する者よ、わたしはあなたをパロの車の雌馬になぞらえる。あなたのほおは美しく飾られ、あなたの首は宝石をつらねた首飾で美しい。（雅歌一・九、一〇）

同様な表現は、この書の最後まで繰り返されます。このような書が聖書の中に含まれていることは、神様が男女間の愛を決して軽んじてはおられず、むしろ尊いものとして示しておられると受け止めることができるでしょう。

二、神と私たちとの関係

しかし、旧約聖書においては、神様と神の民イスラエルとの関係が度々夫婦の関係にたとえられていることにも気づかされます（エレミヤ二・二、ホセア二・一九、二〇等）。その多くは、神様から民への一方的な愛で終わり、裏切られることも多いのですが、それでもなお彼らを愛し、ご自分のもとに立ち返らせようと心を砕く神の御姿が描かれます。このような旧約聖書の流れを背景として雅歌を読み返してみると、そこにはまさに神様が神の民を愛する有様が描写されているようでもあります。

「わたしが日に焼けているがために、日がわたしを焼いたがために、わたしを見つめてはならない」

とは、女性の側の恥じらいや自信のなさを表現しているようです（雅歌一・六）。これに対して、男性が女性に呼びかける言葉は以下のようなものです。

女のうちの最も美しい者よ（雅歌一・八）

何かの陰に隠れたくなるような思いでいる女性に対して、「女のうちの最も美しい者よ」と呼びかけています。その後も、「美しい」、「美しい」と繰り返します（雅歌一・一〇、一五）。

確かに、神の民イスラエルの歴史を見れば、不信仰、不従順、裏切りと背きの繰り返しのようです。しかし、それでもなお、悔い改め、ご自分のもとに立ち返るならば、受け入れ、回復を与えようとされます。「美しい」、「美しい」と繰り返される雅歌の表現の中には、傷だらけの者を回復させ、麗しく、喜ばしいものとして見てくださる神様の姿が表されているようです（イザヤ六二・三―五）。

そのように見てくると、次の表現も少し違った意味合いで読めるようになるでしょう。

エルサレムの娘たちよ、わたしは黒いけれども美しい。（雅歌一・五）

おそらく、日焼けで黒くなった自分を認めながらも、男性の熱い視線と言葉に勇気づけられ、大胆に語る女性の言葉でしょう。しかし、これは真っ黒な罪で汚れた者が、神の徹底的な赦しの恵みによって白くされ、回復されて、神様の前に大胆に立つ神の民の姿のようでもあります（イザヤ一・一八）。

さらに、新約聖書に目を移しますと、そこにはキリストと教会の関係も目にとまります。それはしばしば、夫と妻、花婿と花嫁の関係にたとえられます（エペソ五・二二―二八、黙示録二一・二、九、二二・一七）。「わたしはすぐに来る」と繰り返し言われる主イエスに対して（黙示録二二・七、一二、二〇）、花嫁なる教会が語るべき言葉は、「きたりませ」だと、繰り返し指摘されます（黙示録二二・一七、二〇）。それはまるで、雅歌で描かれている、男性を恋い焦がれる女性の姿の様です（雅歌五・八、八・六、一四）。「歌の中の歌」、雅歌は、私たちに、神様と民、キリストと教会の麗しい愛の関係を思い起こさせます。私たちは、この書を通して、神様がいかに私たちを愛し、喜んでくださるかを知らされます。同時に、私たちが経験する夫婦の愛、男女間の愛も、このような神と民との間の麗しい愛を映し出すようなものであれば幸いです。

◇ 誰かにラブレターを送ったことがありますか。
◇ 雅歌に描かれた男女の関係を、神様と私たちとの関係に置き換えて考えると、神様と私たちとの関係についてどのようなことが教えられますか。
◇ あなたは、神の愛に対して、これからどのように応答していきたいですか。

第四部　預言書

第53章　希望の光—男の子の誕生

——イザヤ①　イザヤ九・一—七

イスラエルの歴史の中で、神の言葉を伝える多くの「預言者」が活躍しました。中でも、イザヤ、エレミヤ、エゼキエル、ダニエルの四人は、大預言者と呼ばれます。彼らが残した書の長さからそう呼ばれますが、内容的にもスケールの大きなものばかりです。中でも、最も長い預言書を残したイザヤは、紀元前八世紀、南ユダ王国を中心に活躍した預言者でした。

イザヤの預言者活動は、ちょうど北イスラエルがアッスリヤ帝国によって滅ぼされる時期の前後に当たっています。それは、南ユダ王国にとっても、現実的に大きな危機に直面する時代でした。イザヤは特に、ユダ王国の霊的な状況に焦点を当て、神の言葉を伝えます。国全体が神に背き、罪深い状況に陥っていること、それ故に、神はこの国に裁きをもたらそうとしておられることを繰り返し語ります。しかし、彼は同時に、その中で希望のメッセージを語り始めます。特に、今回取り上げるのは、メシア預言の一つと言われる箇所です。霊的なやみが国を覆う中、ひとりの男の子の誕生が希望の光をもたらすと預言します。

一、暗やみの中の光

しかし、苦しみのあった地にも、やみがなくなる。さきにはゼブルンの地、ナフタリの地にはずかしめを与えられたが、後には海に至る道、ヨルダンの向こうの地、異邦人のガリラヤに光栄を与えられる。暗やみの中に歩んでいた民は大いなる光を見た。暗黒の地に住んでいた人々の上に光が照った。（イザヤ九・一、二）

イザヤは、その書の冒頭から、ユダの人々の背信と罪を指摘してきました（イザヤ一・二－四）。そして、それ故に、地には「悩みと暗きと、苦しみのやみ」とが満ちていると言いました（イザヤ八・二二）。しかし、この九章では、彼らにとっての希望のメッセージを語ります。今、暗やみの中に歩んでいる民が光を見ることになる、暗黒の地に住んでいる人々に光が照るのだと。

特に、当時のユダ王国周辺には、現実に危機的状況がありました。当時、大きな勢力を誇っていたアッスリヤ帝国は、ユダ王国周辺の諸国を攻め、先に北イスラエル王国を攻め取っていました。そして、ユダ王国にもその攻勢は迫ってきていました。

「さきにはゼブルンの地、ナフタリの地にはずかしめを与えられた」とは、北イスラエルに属する地域が受けたはずかしめについて語っているものです。しかし、元はと言えば、北イスラエルも神の民の住む地の一部でした。神への背きと罪が大きくなったため、彼らはアッスリヤ帝国に滅ぼされることになりました。しかし、イザヤは、そのような地、「異邦人のガリラヤに光栄を与えられる」と言います。今、その地域周辺を覆っている暗黒の中に、光が照る時が来るのだと言います。

今、私たちが置かれている状況は、外面的にはともかく、内面的には当時のイスラエルの民とそう変わらないところがあるかもしれません。人間が神様に背を向け、自分勝手に生き始めるとき、そこにはやみが広がり、暗黒が地を覆い始めます。私たちの周囲に、あるいは自分自身の中にそのようなやみがあるとしたら、私たちもイザヤが語る希望のメッセージに耳を傾ける必要があります。

二、不思議な男の子の誕生

ひとりのみどりごがわれわれのために生れた。ひとりの男の子がわれわれに与えられた。まつりごとはその肩にあり、その名は、「霊妙なる議士、大能の神、とこしえの父、平和の君」ととなえられる。そのまつりごとと平和とは、増し加わって限りなく、ダビデの位に座して、その国を治め、今より後、とこしえに公平と正義とをもってこれを立て、これを保たれる。（イザヤ九・六、七）

やみの中に与えられる光について語ったイザヤは、ここで「ひとりのみどりご」、「ひとりの男の子」の誕生について語り出します。国家的危機からの回復の鍵として、男の子の誕生について語ることは不思議に感じられるかもしれません。しかし、イザヤはそれまでにも預言の中で繰り返し、「男の子の誕生」について語ってきました。それは、当初、イザヤの息子の誕生をさしているようでしたが、ここでは、やがて現れるメシアの誕生を預言しています。その男の子についての描写は「不思議」に満ちています。

たとえば、「まつりごとはその肩にあり」と言われます。「まつりごと」は統治権のことで、その男の子は新しく王国統治を肩に担う人物となると言います。

さらに、この男の子の名前を見ると随分奇妙に見えます。「その名」とは、実際の呼び名というよりも、男の子がどんな性格をもったお方なのかを示すものです。「霊妙なる議士」とは、別訳で「不思議な助言者」（聖書 新改訳）、「驚くべき指導者」（聖書 新共同訳）と訳されます。歴史的文脈からは、「不思議な指導者」といった意味合いでしょう。

続く「名」はさらに不思議です。「大能の神、とこしえの父、平和の君」。万物の創造者なる唯一の神を信じるイスラエル、ユダの人々にとって、この預言の言葉はどのように受け止められたでしょうか。不思議としか言いようがない名前です。普通の男の子を越え、天的なメシアの誕生が示唆されているように思われます。

他方、「ダビデの位に座して」とありますので、このお方はダビデの子孫として生まれるということでしょう（イザヤ一一・一）。さらには、ダビデのように神の御心にかなう統治を行うことが示唆されているようです。その統治は平和をもたらします。しかも「そのまつりごとと平和とは、増し加わって限りなく」、時代と共にいつしか消え去ってしまうのでなく、次第に増し加わっていくと言います。永遠の王なるメシアの誕生が示されています。

三、万軍の主の熱心

万軍の主の熱心がこれをなされるのである。（イザヤ九・七）

目の前では深いやみが地を覆っていることを指摘しながら、イザヤは希望の光について語りました。不思議な男の子が誕生すること、このお方による光と平和に満ちた神の統治が始まり、それが増し加わっていくこと…。これらのことはすべて万軍の主なる神のご熱心によって備えられ、起こされることでした。

イザヤの時代から八百年以上経ったとき、「異邦人のガリラヤ」と呼ばれた地に、ひとりの男の子が誕生します。その誕生の不思議な次第を紹介しながら、使徒マタイはそれがイザヤによる男の子誕生の預言の成就であると言いました（マタイ一・一八－二三）。また、この男の子が成人し、ガリラヤ地方で宣教活動を始める様子を描きながら、イザヤの預言が成就し、まさに「暗黒の中に住んでいる民は大いなる光を見」たのだと言いました（マタイ四・一二－一七）。神のご熱心は、この男の子、すなわちイエス・キリストの誕生の中に凝縮して表されたと言えるでしょう。

今、私たちの周囲にやみがあるでしょうか。自分自身の中にやみがあることに気づくでしょうか。神様はそのところにも光を照らしたく願われます。やみがどれほど深く、深刻であるように見えたとしても、神の願い、神のご熱心は変わりません。そのところに光を照らし、平和に満ちた神のご支配をもたらしたく願われます。この神のご熱心に、あなたも心を開いてお応えになりませんか。

◇現代、世界の国々は希望の光に包まれているでしょうか。あるいは暗黒の中にあると思いますか。自分自身はどうですか。
◇イザヤが預言する男の子がもしその名の通りの方であるなら、世界のやみに光をもたらしうると思いますか。
◇神様が熱心をもってあなたを招いておられるとすれば、その招きにお応えしたいですか。

第54章　苦難のしもべ　――イザヤ②

イザヤ五二・一三―五三・五、一一、一二

前章では、イザヤが預言した不思議な男の子について見ました。彼は、ダビデの子孫として現れるメシア、いわば王なるメシアでした。

イザヤの時代、イスラエルの民は霊的な暗黒状態の中に進みつつありました。神への背きのゆえに、南ユダ王国はやがて都が滅び、異国に離散することになるとイザヤは語りました。しかし、その向こうにイザヤは神の回復が備えられていること、そのための鍵となるのが不思議な男の子、メシアの誕生であることを告げました。しかし、このメシアはどのようにして回復のみわざをなすのでしょうか。この個所では、メシアの別の面が語られます。ここでは、来るべきメシアが「（神の）しもべ」として表現されます。しかも、「苦難のしもべ」と呼ばれうるお姿を描いています。メシアのこのようなお姿をしっかりと見ることは、神の回復のみわざの道筋をよりよく理解する鍵となります。

一、わがしもべ

見よ、わがしもべは栄える。（イザヤ五二・一三）

　ここに、「わがしもべ」という表現が現れています（イザヤ五三・一一も）。この表現は、イザヤ書の後半（四〇章以降）に繰り返し現れる表現です。しかし、この表現が何を意味するのか、それぞれの個所を調べてみると、なかなか難しい問題であることが分かります。たとえば、ある個所では、確実にイスラエルの民を指しています（イザヤ四一・八）。他方では、一見、預言者イザヤ自身のことをさしているように見える箇所もあります（イザヤ四九・一－六）。また、イスラエルの民のようでありながら、一人の人間を示唆するようにも見える箇所もあります（イザヤ四二・一－四）。おそらくは、イスラエルの民、その民に対する重荷を担う預言者イザヤを描きつつ、それらと重なり合うようにしながら、やがて現れるひとりのメシアを指し示そうとしているのでしょう。

　たとえば、この神のしもべは、「民の契約とし、もろもろの国びとの光として与え」られるお方です（イザヤ四二・六）。さらに、「わたしはあなたを、もろもろの国びとの光となして、わが救を地の果にまでいたらせよう」とも言われます（イザヤ四九・六）。ユダヤ人を越えて、世界中の民がこの方を通して光を受け、救いを受けます。このお方こそ、世界のメシアです。

　しかし、このメシアは、どのようにしてそのような働きを成し遂げようとするのでしょうか。

二、苦難のしもべ

今日の個所に記される神のしもべの姿は、大変不思議なものでした。「見よ、わがしもべは栄える。彼は高められ、あげられ、ひじょうに高くなる」と言われますが（イザヤ五二・一三）、その直後にはこう言われます。「多くの人が彼に驚いたように──彼の顔だちは、そこなわれて人と異なり、その姿は人の子と異なっていたからである──彼は多くの国民を驚かす」（イザヤ五二・一四、一五）。

また、「彼は主の前に若木のように、かわいた土から出る根のように育った」という表現は（イザヤ五三・二）、「エッサイ（ダビデ王の父）の株から一つの芽が出、その根から一つの若枝が生えて実を結び」という預言に大変似ています（イザヤ一一・一）。明らかにダビデの子孫として生まれる王なるメシアを示しているように見えます。ところが、直後にイザヤが語るのは、次のような言葉でした。

彼にはわれわれの見るべき姿がなく、威厳もなく、われわれの慕うべき美しさもない。彼は侮られて人に捨てられ、悲しみの人で、病を知っていた。また顔をおおって忌みきらわれる者のように、彼は侮られた。われわれも彼を尊ばなかった。（イザヤ五三・二、三）

王なるメシアに期待されるような外見の立派さや麗しさがないと言います。人々に歓迎されるのではなく、侮られ、捨てられると言います。喜びや力に包まれるよりも、悲しみの人で、病を知っていると言います。

続いて見ていくと、さらに驚くべき預言が続きます。このしもべは最後には命さえ奪われると言います（イザヤ五三・八）。同時に、その後復活の命さえ与えられることが示唆されているようにも見えます（イザヤ五三・一〇）。

ここには、確かに人々を驚かせるものがあります。そして、王としてのメシアのお姿が伺える一方で、そのようなメシアに対する人々の期待を裏切るようなお姿が示されています。もしこの方が本当に世界を救う王なるメシアであるなら、ここに記された苦難に包まれた姿を私たちはどう理解したらよいのでしょうか。

三、われわれのとがと不義のために

まことに彼はわれわれの病を負い、われわれの悲しみをになった。しかるに、われわれは思った、彼は打たれ、神にたたかれ、苦しめられたのだと。しかし彼はわれわれのとがのために傷つけられ、われわれの不義のために砕かれたのだ。（イザヤ五三・四、五）

ここに、メシアが苦難を負うべき理由が示されています。彼が病を知っているのは、われわれの病を負ったからだと言います。彼が悲しみの人であるのは、われわれの悲しみをになったのだと言います。

人々は彼の苦しみを誤解します。「神にたたかれ、苦しめられた」と考えます。しかし、実のところ、「彼はわれわれのとがのために傷つけられ、われわれの不義のために砕かれた」のです。

もう一度、預言者イザヤの時代の状況を考えてみましょう。北イスラエルが滅び、また、南ユダも滅びようとするのは、なぜだったでしょうか。彼らが神様に背き、罪を犯してきたからではなかったでしょうか。確かに、神様は彼らの回復のために心を砕き、そのためのメシアを備えられました。しかし、このメシアが彼らを救い、真の回復を与えるためには、彼らが抱えている罪の問題の解決が必要でした。

義なるわがしもべはその知識によって、多くの人を義とし、また彼らの不義を負う。（略）しかも彼は多くの人の罪を負い、とがある者のためにとりなしをした。（イザヤ五三・一一、一二）

神様のもとでの祝福に満ち、光と平和に満ちた日々が回復されるために、このメシアは「彼らの不義を負う」、「多くの人の罪を負う」ということが必要でした。

私たちは、イスラエルの民のようには罪を犯さなかったと言うことができるでしょうか。彼らが抱えている問題は、私たちが抱えている問題でもあるのではないでしょうか。そうだとすれば、このメシアが負った不義は私たちの不義、メシアが負った罪は私たちの罪ではなかったでしょうか。そのようにしてこのメシアは、イスラエルの民だけではなく、全世界の人々を救うメシアとなられるのではないでしょうか。

イエス・キリストが十字架に死なれ、復活し、天に挙げられた後、ピリポというキリストの弟子がひとりのエチオピア人と出会いました。ピリポが彼に近づくと、預言者イザヤの書を読んでいました。読んでいたのはちょうど、イザヤ書五三章の個所でした。ピリポはこの聖句から説き起こして、エチオピア人にイエス・キリストについて語りました。エチオピア人はピリポの話にじっと耳を傾け、その場で洗礼を受けたと言います(使徒八・二六－三八)。

私たちの罪を担い、十字架で血を流し、苦しみ、死なれたお方、死からよみがえり、今も生けるイエス様こそ、全世界の王にして救い主、私たちのメシアです。

◇ 私たちが王や指導者に期待するものはどういう姿でしょうか。

◇ イザヤ書五三章に記されている神のしもべの姿の不思議さ、驚くべき点を挙げてみましょう。

◇ ここで神のしもべが苦難を受ける姿は、自分にも関係があると思いますか。

第55章　新しい契約

――エレミヤ　　エレミヤ三一・三一―三四

紀元前六世紀のはじめ、大国バビロンの攻撃を受けたユダの都エルサレムは滅び、多くの人々がバビロンに連れていかれます。その前後、ユダ王国が滅びゆく様を見ながら、涙をもって預言した人物がエレミヤでした。

エレミヤはこれらのことが起ったのは彼らの罪の故だと指摘しました。彼らは律法によって正しい道を教えられていたはずでした。また、多くの預言者たちによって何度も警告されていました。にもかかわらず、彼らは何度も約束を破り、神に背き、罪を犯し続けました。その結果、国の滅亡と民の離散という悲劇に直面しました。

エレミヤは、離散した民が再びもとの土地に戻るまでには、長い年月を経なければならないと率直に預言します。しかし、それと同時に、エレミヤは将来神が彼らのために備えておられる回復の道についても語り始めます。その中で、エレミヤが語ったのが「新しい契約」についてでした。

主は言われる、見よ、わたしがイスラエルの家とユダの家とに新しい契約を立てる日が来る。
（エレミヤ三一・三一）

これは、神に背いて悲惨な状況を迎えていた彼らに、希望を与えるメッセージでした。「新しい契約」……それはどのようなものだったのでしょうか。

一、破られた契約

この契約はわたしが彼らの先祖をその手をとってエジプトの地から導き出した日に立てたようなものではない。わたしは彼らの夫であったのだが、彼らはそのわたしの契約を破ったと主は言われる。（エレミヤ三一・三二）

「彼らはそのわたしの契約を破った」……「新しい契約」が必要とされたのは、かつて神様が彼らとの間に結ばれた契約を彼らが破ってしまったからでした。

「この（新しい）契約はわたしが彼らの先祖をその手をとってエジプトの地から導き出した日に立てたようなものではない」。これは、エジプト脱出後、シナイ山で神様が民と結ばれた契約のことをさしています。

彼らにはアブラハムの子孫として約束の地が与えられています。しかし、そこでの生活が神の祝福に満ちたものとなるためには、神が与えられた律法に従わなければならない、神を愛し、人を愛し、人として生きるべき正しい道に歩まなければならないというものでした。そのような道を示されて、彼らは喜んでそのようにすると言いました。

しかし、これだけはっきりと神の御心を示され、彼らもそれを守ると約束したにもかかわらず、彼らは神との約束を破りました。しかも、そのようなことが何度も繰り返されました。その結果、彼らは遂に都を滅ぼされ、異国の地に離散することになります。この悲しい出来事を目にしながら、エレミヤは、かつての契約とは別の「新しい契約」について語りました。

イスラエルの人々の問題は決して彼らだけの問題ではありません。私たちも、人間として正しい道が分かっていても、しばしばその通りにできないことがあるのではないでしょうか。また、いけないと分かっていても、何度も同じ失敗を繰り返してしまうことがあるのではないでしょうか。そうだとすれば、私たちもまた、エレミヤが語った言葉をしっかり聴く必要があります。

二、内的変革

しかし、それらの日の後にわたしがイスラエルの家に立てる契約はこれである。すなわちわたしは、わたしの律法を彼らのうちに置き、その心にしるす。わたしは彼らの神となり、彼らはわたしの民となると主は言われる。（エレミヤ三一・三三）

シナイ山で与えられた契約の問題は、正しい道が分かってもそれを行う力が与えられないことでした。しかし、新しい契約は人の心の内側を変革するものだと神様は言われます。すなわち、「わたしは、わたしの律法を彼らのうちに置き、その心にしるす」と言われます。

シナイ山で律法をいただいた彼らは、それによって神の御心を知ることができました。しかし、律法は彼らの外側にありました。「確かにそう生きることがよい」と知ることはできましたが、彼らの心の中には神の御心に背き、違った道を行こうとする力が働きました。その結果、彼らは神との約束を守ることができませんでした。

しかし、神様が新しく与えようとしておられる新しい契約は、彼らの内側を変えるものでした。「律法を彼らのうちに置き、その心にしるす」とは、彼らの内側が変えられて、「神様の御心を行いたい」と願い、そのように生きていこうとする力が与えられることを意味します。それによって、まるで律法が内に置かれたようになる、そして、「わたしは彼らの神となり、彼らはわたしの民となる」とあるように、神の民としての生き方を実現していくことができると言います。

三、罪のゆるし

最後に、エレミヤは新しい契約について、もう一つのことを加えています。

わたしは彼らの不義をゆるし、もはやその罪を思わない。（エレミヤ三一・三四）

将来的に、心を変えられる時が来るとしても、もう一つの問題が残ります。すなわち、過去の罪の現実です。シナイ山で結ばれた契約によれば、彼らが律法に背き、罪を犯すならば、神の祝福を失い、多くの報いを受けることが告げられていました。直前にも「人はめいめい自分の罪によって死ぬ」と語られた通りでした（エレミヤ三一・三〇）。

「彼らの不義をゆるし、もはやその罪を思わない」……神の恵みにより内側を変えて頂いた者は、同時に過去の不義をゆるしていただくことができます。神様はその罪をもはや心に留めないと言われます。これは「新しい契約」がもたらすもう一つの恵みでした。

四、それらの日の後に

しかし、それらの日の後にわたしがイスラエルの家に立てる契約はこれである。(エレミヤ三一・三三)

エレミヤは、新しい契約が立てられる時について、「それらの日の後」と語りました。多くの年月を経てバビロンから帰還した後も、民は繰り返し神に背き、違反が繰り返されます。ですから、「それらの日の後」とは、さらに遠い将来について語ったものであると理解できます。

エレミヤから約六百年後、イエス・キリストが弟子たちに「新しい契約」について語られたのは、十字架に死なれる前夜、最後の晩餐の席上でした。ぶどう酒の入った杯を手にしながら、こう言われました。「この杯は、あなたがたのために流すわたしの血で立てられる新しい契約である」(ルカ二二・二〇)。

確かに、新約聖書を見るとき、キリストは、ご自分の十字架の死と復活により、また信じる者に聖霊を与えることにより、私たちの罪をゆるし、私たちの内側を変えてくださることが分かります。悔い改めと信仰によりキリストのもとに来るすべての者に、これらの恵みが与えられるという新しい契約が備えられました。

イスラエルの民が抱えていた問題は、私たちの問題でもあります。正しい道に気づいていながら、違う道に進んでしまう。悪いことと思いながら、そこから離れることができない。そうであれば、私たちが必要とするものもまた、イエス・キリストの恵みです。今私たちは、「新しい契約」によって備えられた恵みを神様から受け取ろうではありませんか。

◇繰り返し同じ失敗をするということがありますか。
◇エレミヤが語った「新しい契約」は、キリストによってどのように実現されていると思いますか（マタイ二六・二八、ローマ八・四）。
◇「新しい契約」によって備えられた神の恵みを、あなたも受け取りたいと思いますか。

第56章　この川の流れる所では

――エゼキエル　　エゼキエル四七・一―一二

エゼキエルは、バビロン捕囚の民の一人として、バビロンに生活する中で、神様に預言者として立てられた人物でした。エルサレムが神の裁きによって滅ぼされることを大胆率直に預言すると共に、裁きの向こうに備えられる回復の希望を預言しました。

彼自身、祭司であったか、祭司の子であったようです（エゼキエル一・三）。その影響もあるのでしょう。エゼキエルの預言には聖所（神殿）の回復に関わるものが多くあります。特に、最後の四〇―四八章には、幻の内にイスラエルの地の神殿の情景が描かれます。現実には神殿が破壊され、異国の地で神殿礼拝から遠ざけられて生きている人々にとって、それはどんなに大きな励ましとなったことでしょう。

そのような神殿の幻の中で、特に不思議な情景をエゼキエルは見ます。

見よ、水が宮の敷居の下から、東の方へ流れていた。（エゼキエル四七・一）

神殿の敷居の下から始まって、大きく豊かに流れる川の幻でした。エゼキエルが見た神殿は、やがて到来するメシアによって回復される神のご支配を象徴するものでした。また、川の幻は、エゼキエルが別のところで語った「清い水をあなたがたに注いで、すべての汚れからきよめ」、「わが霊をあなたがたのうちに置いて」といった預言の言葉と関連しているようです（エゼキエル三六・二五―二七）。すなわち、エゼキエルの見た川は、メシアを通してもたらされる新しい時代の神の霊の働きを象徴していると考えられます。後に、イエス・キリストは、ご自分を信じる者の内側から生ける水の川が流れると言われましたが、それはエゼキエルの見た幻の成就を示唆するものでした（ヨハネ七・三七―三九）。

エゼキエルの幻を通して、神の霊の働きがどのようなものであるかを学びましょう。

一、川の流れの源

見よ、水が宮の敷居の下から、東の方へ流れていた。宮は東に面し、その水は、下から出て、祭壇の南にある宮の敷居の南の端から、流れ下っていた。（エゼキエル四七・一）

川は、この宮から流れ出していました。すなわち、この川の流れの源は、神殿であり、さらに言えば、神ご自身でした。神の霊の働きは、人から始まるものではなく、神ご自身から始まることを、この幻は告げていました。

神様は、なぜこの川の幻をエゼキエルに示されたのでしょうか。それは、絶望の中に置かれた人々が希望のありかをどこに見出すべきかを教えるためでした。神に背を向け、神様から遠く離れた生き方の結果、国が滅び、異国の地での生活を余儀なくされていたイスラエルの人々。彼らにとって、この幻は、あらゆる祝福、命の源である神に立ち返るようにとの招きでした。

イスラエルの人々ばかりではありません。私たちにとっても、生ける神様から離れて、本当の祝福はありません。造り主なる神様から離れて、与えられた命を正しく用いるすべも分からないでしょう。私たちの命と祝福の源は神殿、すなわち神ご自身にあることを、この幻は示していました。

二、川の流れの豊かさ

彼がまた一千キュビトを測ると、渡り得ないほどの川になり、水は深くなって、泳げるほどの水、越え得ないほどの川になった。（エゼキエル四七・五）

一人の人が、幻の内にエゼキエルを川の流れに沿って進みゆかせました。一千キュビト（約四五〇メートル）進むごとに、彼はエゼキエルに川を渡らせました。最初の一千キュビトでは、水はくるぶしに達し、次の一千キュビトでは、水はひざに達し、次の一千キュビトでは、水は腰に達しました。最後の一千キュビトでは、川は渡ることができないほどになり、自由に泳ぎ回ることのできるような、深くて豊かな流れになりました。

神の霊の働きはそのようなものです。最初は小さな働きのように見えても、時間と共に大きく豊かな働きとなって進みます。時には、自分の生き方を悔い改めて、神様に立ち返ったとしても、すぐに大きな変化がないように見えることもあるでしょう。しかし、その流れは徐々に大きく豊かになり、やがてはあふれ流れる程になります。

私たちの周囲においても神の霊の働きが、ゆっくりとしか進まないように見えることがあります。しかし、その働きを軽視してはなりません。時の経過の中で、いつしかその働きが全世界を覆うことになることを見逃してはなりません。

三、川の流れの影響力

彼はわたしに言った、「この水は東の境に流れて行き、アラバに落ち下り、その水が、よどんだ海にはいると、それは清くなる。おおよそこの川の流れる所では、もろもろの動く生き物が皆生き、また、はなはだ多くの魚がいる。これはその水がはいると、海の水を清くするためである。この川の流れる所では、すべてのものが生きている。(エゼキエル四七・八、九)

最後に、この幻は、川の流れの及ぶ所で何が起こったかを示して終わります。

まず、川の水は「よどんだ海」にはいると、そこを清くします。神の霊の働きはその場所を清めることです。罪が地上に汚れと死、滅びをもたらしたのとは逆に、神の霊の働きは、罪がきよめられるところから始まります。

次に、清められた海では、はなはだ多くの魚が泳ぎ回ります。すなわち、神の霊は命を与えます。川の両岸には「はなはだ多くの木があった」というのも、そのことを表しています(エゼキエル四七・七)。生きているのは見かけばかりで、霊的には死んだような生き方をしていた者が、神様に立ち返り、神の霊に生かされるようになるとき、真の命の働きが始まります。生き生きと動き始めます。さらには、一人の中になされたみわざが周囲にも広がっていきます。多くの人々が神の命の働きにあずかるようになります。「この川の流れる所では、すべてのものが生きている」のです。

「ただし、その沢と沼とは清められないで、塩地のままで残る」という言葉にも目を留める必要があります(エゼキエル四七・一一)。命を与える神の働きがいかに豊かに現れても、その働きを拒むところにはその影響力が及びません。私たちは、自分の内側に神の働きがなされることを自分の意志で受け入れる必要があります。

神の霊の働きは、まず私たち一人ひとりが神様に立ち返るところから始まります。そして、一旦始められた神のみわざは、どれほど小さく見えたとしても、やがて大きな影響力をもって、私たち自身をつくり変え、周囲を変え、さらには世界を変えていきます。

神様が示してくださった幻に目を留めつつ、信仰を励まして頂きながら歩んで参りましょう。

◇これまで見た最も美しく雄大な川は、どのようなものでしたか。
◇エゼキエルが見た川の特徴を挙げてみましょう。
◇あなたが神様からの命にあふれ、また、その命が周囲にも広がっていくために、これからどうしたらよいと思いますか。

第57章　異国での生活　――ダニエル

ダニエル一・一―一六

ダニエルもまた、バビロン捕囚の一人として、異国バビロンでの生活を余儀なくされた人物の一人でした。異国での生活は、不慣れなこと、戸惑うことも多かったでしょう。特に、唯一まことの神様への信仰にそぐわない、多くの風俗、習慣に接する中では、信仰上の戦いもあったことでしょう。

私たちは、特に「異国での生活」を強いられているわけではないかもしれません。しかし、信仰者として、違った価値観、異なる考え方を持った人々との間で生きている点では、ダニエルと似た境遇の中に生きていると言えます。ダニエルたちが置かれた状況を学びながら、私たちがこの社会でどのように生きるべきか、考えてみましょう。

一、異なる価値観の中で

バビロンの王は、捕囚の民の中から優れた者を探し出して、王に仕える者とさせようとしました。

宦官の長アシペナズは、その命を受け、イスラエルの人々の中を探し、その結果、ダニエルをはじめ、幾人かの者を見出しました。彼らは、王が求める色々な資質をすべて兼ね備える、優れた人々でした。王に仕えるに足る知識や素養を身に着けるべく、彼らには三年の準備期間が与えられました。

絶大な権力を持つバビロン王のすぐそばで王に仕える身となる機会が彼らに与えられたことは、当時の王国の人々にとっては羨むべきことであったでしょう。しかし、ユダヤ人としての信仰を持つ彼らにとっては、少なからぬ戸惑いや葛藤もあったに違いありません。

まず、彼らは「カルデヤびとの文学と言語」を学ばせられました。文学と言語は、いずれも単なる情報伝達の手段にとどまらず、様々な価値観、考え方を表現するものでもあります。時には、ユダヤ人としての信仰とは相反する表現と向き合う機会も多かったでしょう。

あるいは、彼らはユダヤ人としての本来の名前とは別に、バビロン風の新しい名前を付けられました。

彼らのうちに、ユダの部族のダニエル、ハナニヤ、ミシャエル、アザリヤがあった。宦官の長は彼らに名を与えて、ダニエルをベルテシャザルと名づけ、ハナニヤをシャデラクと名づけ、ミシャエルをメシャクと名づけ、アザリヤをアベデネゴと名づけた。（ダニエル一・六、七）

ユダヤ人としての彼らの名は、いずれも信仰に関わるもので、神の名前を含んだものでした。しかし、新しい名は逆にバビロンの神々との関わりを表現したものであったようです。そのような名をもって呼ばれることは、彼らにとって悲しいことであったに違いありません。

彼ら同様、周囲とは異なる価値観に生きる私たちが、多かれ少なかれ葛藤や戦いを覚えることは、当然のことであると考えたほうがよいでしょう。

二、きよい生活を守る

ダニエルは王の食物と、王の飲む酒とをもって、自分を汚すまいと、心に思い定めたので、自分を汚させることのないように、宦官の長に求めた。（ダニエル一・八）

バビロンの言語や文学を学ぶことはもちろん、バビロンの神々にちなんだ名を付けられることさえ耐え忍んだ彼らでしたが、一つのことが耐え難く思われました。それは、食べ物に関わることでした。王に仕える者として選ばれた若者たちは、「王の食べる食物と、王の飲む酒の中から、日々の分」を与えられて、三年間、養い育てられようとしていました（ダニエル一・五）。しかし、ダニエルは、王の食物を食べ、王の飲む酒を飲むことは、自分を汚すことになると考えました。これは、おそらく、これらの食物や酒が、異教の神々にささげられたものであり、それらの飲食によって、それらの神々への礼拝に参加したものと見なされると考えたからでしょう。

そのような意味で汚れていないものは、水や野菜しかありませんでした。しかし、ダニエルは、自分を汚すことになるよりは、日々水と野菜だけで生きていくことを選びました。彼にとっては、ごちそうを食べることよりも、唯一まことの神様への信仰と従順を貫くことのほうが大切でした。そこで、それらの食物によって自分たちを汚させることのないよう、宦官の長に求めました。

まことの神様を知らない人々の間で生活する私たちも、同様の状況に遭遇することがあります。むやみに敵対的になることは避けるべきでしょうし、耐え忍ばなければならないことも多いでしょう。しかし、この一点だけは譲れない、これを譲ったら神様への純粋な信仰が損なわれるという場面に直面することがあります。そのような時は、私たちにも毅然とした態度が必要です。

三、神の守り

ダニエルの要求を、宦官の長はどう受け止めたでしょうか。

神はダニエルをして、宦官の長の前に、恵みとあわれみとを得させられたので（ダニエル一・九）

「自分を汚すまいと、心に思い定めた」というダニエルの内心を見ておられた神様は、「宦官の長の前に、恵みとあわれみとを得させ」てくださいました。

しかし、もちろん、宦官の長と言えども、自分の立場や状況を考慮せざるを得ません。彼は、王の命令によってダニエルらを預かり、養い育てるよう命じられていました。水や野菜だけ与えて、彼らの健康状態が悪くなっていき、そのことを王が知ったらどうなるでしょうか。命令不履行の罪を着せられ、命も危うくなる可能性がありました。しかし、これに対して、ダニエルは宦官の長が立てた家令に一つの提案をします。「十日の間、ためしてください」と（ダニエル一・一二）。ただ野菜と水だけ与え、十日後、他の若者の顔色と見比べ、それによって結論をくだすようにとの提案でした。家令はこの提案を受け入れ、十日の間彼らを試しました。その結果は、どうだったでしょうか。

十日の終りになってみると、彼らの顔色は王の食物を食べたすべての若者よりも美しく、また肉も肥え太っていた。（ダニエル一・一五）

彼らの顔色は、王の食物を食べた他のすべての若者よりも美しく、肉も肥え太っていました。そこで、家令はそのまま彼らに野菜と水だけを与えたのでした。

信仰者がこの世にあって自分の信仰を貫いて生きていこうとすれば、戦いがあります。その場合、自分に損になるようなことがあったとしても、私たちが信仰の純潔を守るべく最善を尽くすならば、神様も私たちを放ってはおかれません。

その後、ダニエルは、バビロンの王たち、さらには、ペルシヤの王たちに仕える者となります。その間にも、数々の信仰の戦いに直面しますが、彼は信仰の節を曲げません。そのような中で、彼は預言者として、神様が全世界を治め、歴史を支配しておられる王であることを明らかにしていきます。

信仰の道をまっすぐに歩みながら、恵み豊かな神様を経験させて頂き、真実な神様を証しさせて頂きましょう。

◇信仰の故の戦い（葛藤、迷い）を経験したことがありますか。

◇ダニエルは信仰の純潔を守ろうとする一方、周囲の人々への配慮を忘れません。どんなところにそれが現れているでしょうか。

◇現在あなたが置かれている状況の中で、信仰に立って歩むために、特にどんなことに注意して生きていきたいですか。

第58章　世界への神の御心　――ヨナ

ヨナ三・一〇―四・一一

多くの日本語聖書の順序では、四人の大預言者の書に続き、十二の小預言書で旧約聖書は締めくくられます。その中で、ヨナ書は、その豊かなストーリー性から、特に親しまれているものの一つでしょう。時代は再びアッスリヤ帝国が強い勢力を持っていた頃に戻ります（紀元前八世紀）。

ヨナ書を通して教えられる一つのことは、全世界に対する神の御心です。旧約聖書では、主としてイスラエルという一つの民族に焦点を当てます。しかし、神の御心は、イスラエルの民だけにとどまらず、世界のすべての国民、民族に及ぶものです。ここでは、ヨナ書を通して、世界に対する神の御心がどのようなものなのか学びましょう。

一、警告の言葉を伝えよ

主の言葉がアミッタイの子ヨナに臨んで言った、「立って、あの大きな町ニネベに行き、これ

に向かって呼ばわれ。彼らの悪がわたしの前に上ってきたからである」。（ヨナ一・一、二）

時に主の言葉は再びヨナに臨んで言った、「立って、あの大きな町ニネベに行き、あなたに命じる言葉をこれに伝えよ」。（ヨナ三・一）

ニネベは、アッスリヤの首都であり、大変大きな町でした。しかし、この町は、多くの罪が満ちていました。町の名前ニネベも、町で祭られていた女神の名前からつけられたものでしたから、偶像礼拝が満ちていたことでしょう。また、「強暴を離れよ」という神の言葉からは（ヨナ三・八）、暴力行為が日常茶飯事だったと考えられます。このような町を神様が放置することはできません。預言者ヨナを遣わして、警告の言葉を伝えさせようとされました。このままでは神の裁きを受けることになると。しかし、アッスリヤ帝国は、イスラエルの民にとって敵国です。イスラエルの国を愛するヨナとしては、ニネベの町が罪悪の中に沈んでいるなら、そのまま裁かれてしまってよいと考えたことでしょう。警告を与えるまでもない、むしろそうしないほうがよいと考えたヨナは、ニネベとは反対方向に向けて船で逃げ出そうとします。

この後の経緯は比較的よく知られています。暴風が起こって、ヨナの乗った船は危険に陥ります。その原因が神様に背いたヨナにあると知られ、彼は船の人々によって海に投げ入れられます。大きな魚に飲み込まれ、生きながらえたヨナは、神の前に悔い改めます。魚によって地上に吐き出されたヨナに、神様は再びニネベに行くよう命じられるのです。

ここには、世界に対する神の御心があざやかに示されています。はなはだしい罪があったとしても、そのまま滅んでしまってよいのではありません。何とかして警告を与え、正しい道に立ち返らせたいと願われる神様の姿が表されています。

二、災いを思い返される神

神は彼らのなすところ、その悪い道を離れたのを見られ、彼らの上に下そうと言われた災を思いかえして、これをおやめになった。（ヨナ三・一〇）

ヨナは、神様から命じられたように、「四十日を経たらニネベは滅びる」と呼ばわりながら、町を行き巡りました。その結果、どういうことが起こったでしょうか。ニネベの町で王様をはじめ、町中の人々が悔い改め、断食をして神に赦しを求めました。この様子をご覧になり、神様は計画されていた災いを思い返し、おやめになりました。

神が思い返される……これは、ある人々にとっては考えられないことのように思われるかもしれません。全知全能の神、すべてのことに対して主権を持っておられる神様が、「思い返す」ということがありえるのかと考えます。しかし、聖書に示された神様は、事実、思い返される神です。一旦はニネベの人々への裁きを計画されましたが、真剣な悔い改めの姿を見られたとき、災いを思い返されたのでした。

三、惜しまないでいられようか

ところが、神様がニネベの人々の悔い改めを見て災いを思い返されたとき、ヨナは大きな不快感を表わし、神様に抗議します。

主よ、わたしがなお国におりました時、この事を申したではありませんか。それでこそわたしは、急いでタルシシにのがれようとしたのです。なぜなら、わたしはあなたが恵み深い神、あわれみあり、怒ることおそく、いつくしみ豊かで、災を思いかえされることを、知っていたからです。（ヨナ四・二）

ヨナは、このような事態を予想していました。神様があわれみ深く、いつくしみ豊かであるのを知っていたので、ニネベの町の人々が悔い改めたならば、神様が彼らをお赦しになるかもしれないと思いました。そして、事がその通りに進もうとすることを見たとき、それはヨナにとって我慢ならないことのように思えました。このようなヨナに、神様は一風変わった方法で、ご自身の御心を教えます。

町のなりゆきを見極めようと、ヨナは町の東の方に座って、町の様子を眺めますが、暑い日差しが照りつけます。そこで、神様はヨナのためにとうごまを生えさせられます。とうごまは、ちょうどヨナの頭の上に日陰を作りましたので、ヨナはこれを大変喜びます。ところが、神様は翌日夜明け、虫を備え、このとうごまをかませ、枯れさせてしまわれます。太陽が昇り、強い日差しが再びヨナを照りつけます。再び怒るヨナ。彼は、「生きるよりも死ぬ方がわたしにはまし」と呟きます。このようなヨナに、神は次のように語られるのです。

「あなたは労せず、育てず、一夜に生じて、一夜に滅びたこのとうごまをさえ、惜しんでいる。ましてわたしは十二万あまりの、右左をわきまえない人々と、あまたの家畜とのいるこの大きな町ニネベを、惜しまないでいられようか」。（ヨナ四・一〇、一一）

とうごまはヨナにとってありがたいものだったでしょうが、それはヨナが「労せず、育てず、一夜に生じ」たもの。それが失われたからと言って、怒る必要のないようなものです。しかし、ヨナはそんなとうごまをさえ、惜しんで怒っているのです。神様は、この点を指摘しながら、ご自分の御心をお示しになります。「ましてわたしは十二万あまりの、右左をわきまえない人々と、あまたの家畜とのいるこの大きな町ニネベを、惜しまないでいられようか」と。

ニネベは決して小さな町ではありません。十二万余りの人々が住む町でした。どんなにすぐれた文化や技術を持っていたとしても、神の前での真理の道については、「右左をわきまえない人々」でした。神様は彼らを大切に考え、滅ぶことを願わず、何とかして救いたいと願われました。

私たちも、世界に対するこのような神の御心を知る必要があります。世界のすべての民は、神様に愛されています。世界のすべての人は神様から大切に考えられています。私たちも、このような神の御心を受け止めるとき、生き方が変わってこないでしょうか。

◇あなたにとって、嫌いな国がありますか。

◇「ニネベに行け」との神の命令にヨナが背いたのは、どんな思いからだったと思いますか。

◇ヨナ書に表わされているような神の御心を覚えるとき、これからあなたがなすべき具体的なことが思い浮かびますか。

第59章　待望への励まし　――マラキ　　マラキ三・一三―四・六

小預言書の最後、そして、多くの日本語の旧約聖書で最後に置かれているのはマラキ書です。時代的にも、捕囚からの帰還後、神殿再建などの大事業を終え、一段落した後の頃で、エズラやネヘミヤの時代と重なるようです。

マラキ書全体を読むと、その頃のユダヤの民の精神状況は、良く言っても失意落胆、悪く言えば捨て鉢、苛立ちと無気力に彩られていたようです。確かに捕囚からの帰還はすばらしいことでした。難航した神殿再建事業が終わったときには、遂に神の諸々の約束が実現するのだと考えました。しかし、思ったように事態は変わらない。そういう時期が長く続く中、彼らは失意の底に沈み、神様に対する疑いと反抗の思いが密かに広がっていたようです。

私たちの信仰の歩みの中でも、そういう時期があるかもしれません。神の約束の言葉がいつまで経っても実現しないように思えるとき、私たちの信仰は試されます。ユダヤの民がこれ以上待ち望むことが難しく思えた時代、預言者マラキが人々に何を語ったか、ご一緒に見ていきましょう。

一、教え諭す神

あなたがたは言葉を激しくして、わたしに逆らった。（略）あなたがたは言った、『神に仕える事はつまらない。われわれがその命令を守り、かつ万軍の主の前に、悲しんで歩いたからといって、なんの益があるか。（マラキ三・一三、一四）

ここには、民の苛立ちの心が表現されています。一生懸命神様に仕えても同じではないか、悪の道を進んでも罰せられない多くの者たちの姿を見るではないか、といった不満です。しかし、神様はそのような彼らに対して、忍耐深く教え、諭し、導かれます。

実はマラキ書は、他にも民の色々な訴えが記されます。「あなたはどんなふうに、われわれを愛されたか」（マラキ一・二）、「われわれはどんなふうに、彼を煩わしたか」（マラキ二・一七）、「われわれはどうして帰ろうか」（マラキ三・七）等々。その度に、神様は彼らを忍耐深く教え、諭されます。苛立ちと反抗に満ちた言葉であっても、その姿勢は変わりません。

これ程ではなくても、私たちも同じように神様に訴える時があるかもしれません。そのようなとき、忍耐をもって私たちに関わってくださり、教え、諭してくださる神様であることを覚えましょう。

二、神に仕える者と仕えない者との区別を知る時

万軍の主は言われる、彼らはわたしが手を下して事を行う日に、わたしの者となり、わたしの宝となる。また人が自分に仕える子をあわれみように、わたしは彼らをあわれむ。その時あなたがたは、再び義人と悪人、神に仕える者と、仕えない者との区別を知るようになる。万軍の主は言われる、見よ、炉のように燃える日が来る。その時すべて高ぶる者と、悪を行う者とは、わらのようになる。（略）しかしわが名を恐れるあなたがたには、義の太陽がのぼり、その翼には、いやす力を備えている。あなたがたは牛舎から出る子牛のように外に出て、とびはねる。

（マラキ三・一七―四・二）

「神に仕える事はつまらない」、「なんの益があるか」と呟く人々に、マラキは神の言葉を伝えます。「義人と悪人、神に仕える者と、仕えない者との区別を知る」時が来ると。

その時は、「炉のように燃える日」とも言われます。それは、高ぶる者、悪を行う者にとっては、わらのように燃やされる日です。それは、最終的には、世の終わりに臨む神の審判の時でしょう。その日、神に仕えることをよしとせず、悪の道を歩んだ者に対しては、厳しい裁きがくだされます。

しかし、他方、同じその日、神に仕える者に対しては、神様のあわれみが示されます。「わたしの者となり、わたしの宝となる」と言います。「わが名を恐れるあなたがたには、義の太陽がのぼり、その翼には、いやす力を備えている。あなたがたは牛舎から出る子牛のように外に出て、とびはねる」。神様に仕える中で、厳しく辛い日々があったとしても、その日には暖かな太陽の光に照らされるようです。癒しと回復が与えられ、牛舎から出された子牛が飛び跳ねるような喜びがあると言います。「神に仕える事はつまらない」のではありません。状況が変わらないように見える長い年月があったとしても、必ずその歩みには報いがあることを覚えましょう。

三、思い起こし、待ち望む

マラキ書は以下のように結ばれます。

あなたがたは、わがしもべモーセの律法、すなわちわたしがホレブで、イスラエル全体のために、彼に命じた定めとおきてとを覚えよ。（マラキ四・四）

イスラエルの民にとって、いつも原点となるのはホレブの山（シナイ山）で与えられた律法でした。

しかし、民はいつしか、この原点からさまよい出していました。

かつて神様は、アブラハムと結ばれた約束を覚え、彼らをエジプトから救い出されました。その際、シナイ山で与えた律法によって歩むようにと命じられました。しかし、彼らはこの命令に度々背き、最終的には国も都も、神殿さえも滅ぼされ、捕囚の憂き目に遭いました。捕囚からの帰還後も、しばらくは興奮と喜びに包まれましたが、いつしか同じことの繰り返しであるように感じられました。しかし、立ち返るべき原点は変わらない、原点に立ち返れと、マラキは人々を励ましました。

マラキはさらに語ります。

見よ。主の大いなる恐るべき日が来る前に、わたしは預言者エリヤをあなたがたにつかわす。
（マラキ四・五）

預言者エリヤは、イスラエルの歴史の中で人々を神の道に立ち返らせようと労した人物です。同じような使命を持った者を、最終的な審判の日の前に遣わすとの約束です。エリヤ的使命を与えられるその人物は、「わが使者」とも言われ、その使命は「道を備える」ことにあります（マラキ三・一）。この約束は、新約聖書を読むと、バプテスマのヨハネの登場によって成就したと理解できます（マタイ一一・一四）。

彼の使命は、主の到来への道備えをすることです。すなわち、「あなたがたの喜ぶ契約の使者」（マラキ三・一）、「金をふきわける者の火」、「銀をふきわけて清める者のように」座する方（マラキ三・二、三）、すなわちメシアの到来の備えをすることです。

このようにマラキは、これまで神様から語られたことを民に思い起させると共に、神様に仕えようとする者のためのメシア到来を予告してその書を閉じました。困難な状況が続くとき、既に神様が語られたことを思い起こしましょう。そして、神様が約束しておられることの実現を待ち望みながら、信仰の歩みを続けて参りましょう。

◇あなたの信仰の歩みの中で疑いや呟きが起こってきたことがありますか。

◇「炉のように燃える日」が「高ぶる者」、「悪を行う者」と、神の名を恐れる者たちとにもたらすものとを比較しましょう（マラキ四・一―三）。

◇あなたにとって、現在の状況の中で神様に仕える姿勢を続けるために必要なことは、具体的に何だと思いますか。

あとがき

二〇〇八年から五年間、日本イエス・キリスト教団堺栄光教会の牧師として奉仕させて頂きました。そこで語った礼拝メッセージのシリーズの一つが、『旧約聖書入門』というシリーズでした。この時、色々な願いを込めてかなり長めの説教要旨を週報に挟んでいました。教会の皆さんがどれ位読んでくださっていたかは分かりませんが、堺栄光教会での奉仕の最後まで続けさせて頂きました。その説教要旨がこの本のもとになりました。

堺栄光教会での奉仕の後、教団の事務局長としての働きのかたわら、神戸聖泉教会での礼拝や祈祷会での奉仕をすることになりました。そこで、祈祷会のテキストとして、これらの説教要旨を用いるようにしました。最初に説教した時からは約十年を経ていましたので、内容をかなり書き換えることも結構ありました。但し、テキストとして配布はしますが、私が説教する形でした。教会の小部屋での二、三人での集いでした。

その後、同じく事務局長の働きとの兼任で、神戸大石教会での奉仕も始まりました。神戸聖泉教会での祈祷会奉仕は継続していましたので、神戸大石教会の祈祷会はお休みにしていましたが、二年目から妻が担当で祈祷会を再開しました。当初は、毎回説教の準備をしていましたが、体力的にきつかったようで、私の説教要旨を読み合わせ、その後、分かち合う形になりました。集っている方々からは案外好評なようでした。

神戸聖泉教会でのテキスト配布が一段落ついたことにより、これらを本にすることにしました。書籍化に向け、アドバイスと励ましをくださった大頭眞一牧師、長年のご経験の中から実際的なご提言をくださったヨベルの安田正人氏に感謝の意を表します。また、初めての本づくりのために、祈り、応援してくれた家族にも感謝しています。

内容的には不十分なところも多いと思いますが、読まれる方が旧約聖書の言葉に触れ、神様の語りかけを聞く一助となれば幸いです。

二〇二〇年九月

著者略歴：

長田栄一（ながた・えいいち）

1965年兵庫県柏原町生まれ。クリスチャン家庭に生まれ、1980年洗礼を受ける。京都大学理学部、関西聖書神学校卒。1997年日本イエス・キリスト教団の教職者となり、川本教会、明石人丸教会（副牧師）、函館中央教会、神戸聖泉教会、堺栄光教会、教団事務所（事務局）、神戸大石教会において奉仕。現在、教団事務局長と神戸聖泉教会牧師を兼任。

旧約聖書の世界 ―― そのゆたかなメッセージに聴く

2020年11月20日 初版発行

著　者 ―― 長田栄一

発行者 ―― 安田正人

発行所 ―― 株式会社ヨベル　YOBEL, Inc.

〒113-0033 東京都文京区本郷4-1-1　菊花ビル5F

TEL03-3818-4851　FAX03-3818-4858

e-mail : info@yobel. co. jp

装丁者 ―― ロゴスデザイン：長尾優

印刷所 ―― 中央精版印刷株式会社

配給元―日本キリスト教書販売株式会社（日キ販）

〒162 - 0814　東京都新宿区新小川町9 -1

振替 00130-3-60976　Tel 03-3260-5670

ISBN978-4-909871-30-5 C0016

聖書は、断りのない限り聖書 口語訳（日本聖書協会発行）を使用しています。

3分間のグッドニュース
［律法］
鎌野善三

3分間のグッドニュース
［歴史］
鎌野善三

3分間のグッドニュース
［詩歌］
鎌野善三

3分間のグッドニュース
［預言］
鎌野善三

3分間のグッドニュース
［福音］
鎌野善三

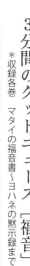